청소년 인권, 반드시 보장해야 할까?

청소년 인권, 〉반드시〈 보장해야 할까?

중고생 논·서술형 주제토론 수업 ③
인간 존엄성

승지홍 지음

이 책이 여러분이 더 나은 답을 찾아가는
작은 시작이 되기를 바랍니다

"학교에서 하는 휴대전화 수거, 인권 침해일까요? 아닐까요?"

2024년 10월, 국가인권위원회(이하 인권위)는 학생들의 휴대전화 수거가 인권 침해에 해당하지 않는다는 새로운 결정을 발표하며 큰 논란을 불러일으켰습니다. 지난 10년간 유지해 온 입장을 뒤집은 결정이었기 때문입니다.

10년 전 한 고등학생이 자신의 기숙사에서 월요일 아침 휴대전화를 강제로 제출하고 금요일 오후에나 돌려받아야 하는 규정을 두고 인권위에 진정을 제기하는 일이 있었습니다. 당시 인권위는 학생의 행복추구권과 통신의 자유를 침해한다며 해당 규정의 중단을 권고했고, 그동안 300여 건의 진정 모두 인권 침해라는 입장을 고수해왔습니다. 하지만 최근 수업 중 몰래 휴대전화를 사용하거나 디지털 범죄에 연루되는 청소년 사례가 늘어나면서, 공공의 안전과 학습 환경 보호를 이유로 이전 판단을 번복한 것입니다.

이 사례는 우리에게 중요한 질문을 던집니다. 과연 청소년의 권리는 어디까지 보호받아야 할까요? 공공의 이익과 개인의 자유가 충돌할 때, 어떤 가치를 우선해야 할까요?

인권은 '사람으로서 당연히 누려야 할 권리'입니다. 그러나 모든 사람이 평등한 권리를 누려야 한다는 원칙이 지켜지기란 실제로는 쉽지 않습니다. 그래서 '장애인 인권'이나 '이주 노동자 인권' 같이 특정 영역의 인권을 별도로 구분하기도 합니다. 이는 취약한 그들의 인권을 별도로 구분해 더 강하게 보호하기 위함이지요.

청소년 인권은 더욱 복잡한 문제입니다. 청소년은 자신의 목소리를 내고 권리를 주장하고 싶지만, 나이와 사회적 지위로 인해 무시당하거나 제한받는 경우가 많기 때문입니다.

이 책은 청소년 인권을 5가지 관점에서 살펴봄으로써, 우리 사회 곳곳에 숨겨진 고민들을 탐구합니다. 청소년 노동, 디지털 잊힐 권리, 학교폭력, 청소년 범죄 처벌 등 청소년의 삶과 밀접한 주제에 대해 들여다보고 스스로 질문을 던지며 답을 찾아가는 과정을 경험하게 될 것입니다.

우리는 사회라는 공동체 속에서 살아가는 존재입니다. 서로 다른 개인들이 모여 살아가다 보니 언제나 많은 갈등과 충돌이 생깁니다. 때로는 집단과 사회의 가치가 개인을 억압하기도 합니다. 청소년 역시 학교, 가족, 친구 등 다양한 관계에서 갈등을 겪고, 자신의 권리가 억압되기도 합니다.

이러한 상황에서 여러분은 어떻게 대처해 왔나요? 어떻게 하면 타인과 갈등을 줄이고 평화롭게 지낼 수 있을까요? 그러면서도 나만의 인권과 개성을 존중받을 수 있을까요? 더 나아가 여러분은 어떤 세상을 만들어 가고 싶나요?

정답이란 없습니다. 책 안에 담긴 다양한 인권에 대한 시선을 따라가며 자신의 삶과 연관 지어서 생각해 보기를 바랍니다. 이 책이 여러분이 더 나은 답을 찾아가는 작은 시작이 되기를 바랍니다.

차례

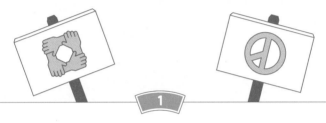

1

청소년 인권,
반드시
보장해야 할까?

청소년 인권,
반드시 보장해야 한다

청소년 인권,
무조건 보장해서는 안 된다

'홍익인간'은 널리 인간을 이롭게 한다는 우리나라의 건국 이념이자 교육 이념입니다. 외국인들 사이에서는 '코리안 스피릿Korean Spirit'으로 불리면서 화제를 모으고 있는데요. 그 이유가 뭘까요? 그건 홍익인간의 정신이 인권과 맞닿아 있기 때문입니다. 인간을 최고의 가치를 지닌 존재로 보고 존중한다는 점에서 비슷하게 통한다는 것이지요.

인권은 거창하고 어려운 것이 아니에요. 학교에서 다른 사람들과 평등하고 평화롭게 생활할 권리, 그것도 인권입니다.

2009년에는 교복에 명찰을 고정하여 부착하도록 하는 관행이 인권 침해라는 국가인권위원회의 권고가 있었습니다. 고정명찰을 달면 학교 밖에서까지 불특정 다수에게 이름이 노출되고, 사생활의 비밀과 자유가 지나치게 제한된 다는 이유에서였지요. 이렇게 명찰 하나에서도 인권과 관련된 이야기를 발견할 수 있어요.

최근에는 일부 지방자치단체에서 '학생인권조례'를 폐지하면서 청소년 인권 존중 문제가 화두가 되기도 했습니다. 이 논쟁의 핵심은 아직 학생 신분으로 완전한 성인이 아닌 청소년에게 모든 권리를 다 보장해 주는 것이 과연 타당한지 아닌지에 있습니다.

제2차 세계대전의 비극이 가져온 선물, '인권선언'

인권이란 인간으로서 당연히 누려야 할, 인간답게 살 권리를 말합니다. 사람 인ㅅ 자와 권리 권權 자가 합쳐져 만들어졌으니, 쉽게 말해 '사람의 권리'라는 뜻이지요. 영어로는 'Human Rights'입니다. 누구에게나 가난과 배고픔, 핍박과 공포, 차별과 박해를 겪지 않을 '타고난 권리'가 있습니다. 태어난 순간부터 주어진다는 의미에서 '천부인권天賦人權'이라고도 하지요.

하지만 모두가 인권을 누리게 된 것은 사실 그리 오래된 일이 아니에요. 능력을 펼치지 못하고 신분제 앞에 무릎 꿇은 백성, 남성보다 뒤떨어진 존재로 여겨지며 사회활동에 참여하지 못한 여성, 백인에게 물건처럼 취급받으며 노예로 부려진 흑인 등 불과 100년 전까지만 해도 인권을 누리지 못하는 사람이 많았습니다.

인권에 대한 관심이 국제적으로 커진 것은 제2차 세계대전 이후부터입니다. 이 전쟁으로 1936년부터 1945년까지 유럽, 아프리카, 아시아 등 세계 곳곳에서 군인과 민간인, 남녀노소 구분 없이 많은 사람이 다치거나 목숨을 잃었죠. 군대 시설뿐 아니라 수많은 도시가 불탔고, 대규모 인종 청소와 인체 실험 같은 끔찍한 전쟁 범죄가 여기저기서 벌어졌어요.

수많은 사람이 학살되자 전쟁의 잔혹함과 인권 유린에 대한 반성의 목소리가 나오기 시작했지요. 끔찍하고 비참한 전쟁이 끝난 뒤, 세계 각국은 제2차 세계대전 같은 참사를 막기 위해서라도 최소한의 기본 규정을 만들어야 한다는 데 공감했습니다. '인권선언'을 만들기 위한 움직임이 시작된 것이죠.

'세계인권선언'에는 어떤 내용이 담겼나?

1946년, 엘리너 루스벨트가 유엔 인권위원회 의장으로 선출되면서 '세계인권선언문'이 본격적으로 구상되기 시작했어요. 이후 약 2년간, 당시 유엔에 가입한 58개국 대표들이 머리를 모아 인권선언문에 들어갈 단어와 문장, 표현을 하나하나 논의했지요. 당시 사람들이 인권선언문에 담을 내용을 두고 얼마나 고심했는지, 얼마나 큰 기대를 담았는지 상상이 되나요?

그리고 마침내 1948년 12월 10일, 프랑스 파리에서 열린 유엔 총회에서 세계 여러 나라 대표들이 세계인권선언을 공식 채택했습니다. 세계인권선언은 생명권, 자유권, 평등권, 행복 추구권, 종교·언론·집회·결사의 자유, 교육권, 노동권, 최저생활 수준을 보장받을 권리 등을 강조했어요. 여기에는 모든 인간의 존엄성을 인정하고 서로를 형제애의 정신으로 대하자는 마음이 담겨 있습니다.

세계인권선언이 발표된 뒤, 사람들은 인권에 대해 다시금 생각해 보게 되었습니다. 그리고 이를 바탕으로 국제사회는 인권 보호를 위한 협력을 강화했지요. 이후 세계 각국의 인권 정책과 국제적인 인권 조약이 만들어질 때도 세계인권선언은 중요한 지침서 역할을 했습니다.

인권은 희생과 투쟁으로 얻어낸 귀한 역사적 선물

인권선언의 움직임은 제2차 세계대전 이후부터 일어났지만, 인간답게 살아야겠다는 생각은 아주 오래전부터 시작되었어요. 과거에는 많은 사람이 자신의 처지를 운명이나 팔자로 받아들였지요. 하지만 시간이 지나면서 점차 부당한 권력에 맞서 함께 목소리를 내기 시작했어요.

그 예로 16세기 유럽에서 일어난 종교개혁을 들 수 있습니다. 당시 사람들은 가톨릭교회의 '면죄부' 판매에 반대하며 종교의 권위에 도전했습니다. 재물을 바치면 죄인의 죄를 면해 준다는 증서가 바로 면죄부입니다. 1517년 마르틴 루터가 면죄부 판매를 비판하면서 가톨릭교회를 향해 '95개조 반박문'을 작성

했고, 이는 종교개혁의 불씨가 되었어요. 사람들은 이를 계기로 서서히 모든 것을 인간 중심으로 생각하기 시작했습니다. 신이 있기에 내가 있는 것이 아니라, 내가 있기에 신이 있다는 생각을 하게 된 거죠.

이후 국가의 힘이 커지고 국가가 사람들을 억압하면서, 이제 사람들은 '국가의 권력'과 '개인의 자유'에 대해 고민하기 시작합니다. 그 결과 등장한 것이 '자연법사상'이에요. 이 사상은 모든 인간이 남에게 넘겨줄 수 없는 절대적인 권리를 갖는다고 주장하며, 이 권리를 지키기 위해 사람들이 '사회계약'을 맺어 국가를 만들었다고 설명해요. 자연법사상은 신 중심의 낡은 틀에서 벗어나 자유와 평등을 바탕으로 새로운 사회를 건설하려는 근대 시민혁명의 이론적 토대가 되었습니다.

그러다 마침내 1789년 7월 14일, 프랑스 혁명의 시작을 알리는 바스티유 감옥 습격 사건이 일어났어요. 파리 시청 앞에 모인 수많은 프랑스 사람이 바스티유 감옥과 무기고로 쳐들어갔지요. 당시 그들은 높은 물가와 과도한 세금에 몹시 화가 나 있었는데요. 정부가 평민이 낸 세금으로 소수 부유층과 교회만 과도하게 지원했기 때문입니다. 프랑스 혁명은 자유自由, 평등平等, 박애博愛의 정신에 입각한 인권선언을 발표하는 계기가 되었습니다. 이 선언에는 "모든 사람은 태어나면서부터 자유롭고 평등할 권리가 있으며, 법 앞에서는 누구나 평등하다"는 내용이 담겼지요. 이는 민주주의와 인권의 발달에 크게 기여한 사건으로, 이때 '인권' 개념이 처음 사용되었습니다.

그렇다면 '인권'이라는 단어가 직접적으로 처음 사용된 때는 언제일까요? 영국의 혁명가 토머스 페인이 1791년에 출간한 『인간의 권리』에서 처음 사용했습니다. 여기서 '인간의 권리'는 프랑스 혁명 이후 프랑스 의회가 '헌법'의 머리말로 채택한 프랑스 인권선언에 쓰인 '자연권'을 번역한 말이에요. 그러니 오늘날 우리가 사용하는 인권의 개념은 '태어날 때부터 인간에게 부여된 절대적 권리'로, 자연법 사상에 그 뿌리를 두고 있습니다. 모든 사람은 자유롭고 평등하게 태어났으며 그 권리는 그 누구도 빼앗을 수 없다는 생각은 이처럼 오랜 역사적 과정을 거쳐 형성되었어요.

청소년 스스로 자신의 권리를 올바로 아는 것의 중요성

청소년 인권은 헌법과 유엔아동권리협약 등 국제법에서 인정하는 기본적 인권 중 청소년에게 특별히 적용되는 권리를 말해요. 이는 모든 청소년이 인간으로서의 존엄성과 가치를 인정받으며, 자유와 권리를 누릴 수 있어야 한다는 개념을 담고 있습니다. 청소년 인권에는 부모와 함께 살 권리, 교육받을 권리, 전쟁과 폭력 그리고 학대로부터 보호받을 권리, 아동 노동을 하지 않을 권리 등이 포함됩니다.

과거에는 아동을 단순히 작은 어른이나 어른의 소유물로 여겼지만, 시간이 지나면서 아동의 권리에 대한 인식 역시 점차 개선되었습니다. 특히 세계대전 이후 전쟁으로 고통받는 아동들의 상황이 알려지면서 국제사회의 관심이 높아졌지요. 이러한 배경에서 1989년 유엔 총회에서 유엔 아동권리협약이 채택되었고, 이는 전 세계 18세 미만 아동의 권리를 보호하는 중요한 이정표가 되었습니다.

청소년의 인권을 존중하는 것은 기본적인 의무이며, 청소년은 어떠한 차별도 받지 않고 존중받아야 합니다. 그래야 청소년이 건강하게 성장하고, 자유롭게 생각을 표현하며, 안전하게 보호받을 수 있습니다.

이를 위해서는 청소년 스스로 자신의 권리를 정확하게 알고 이해하는 것이 매우 중요합니다. 그래야 부당한 상황에 대응하고 자신의 권리를 주장할 수 있기 때문이지요.

진정한 인권 의식을 갖추려면 단순히 인권의 사전적 정의를 아는 것을 넘어, 인권에 대한 깊은 이해를 갖추고 인권 침해를 알아볼 수 있는 능력을 갖춰야 합니다.

학교는 청소년 인권이 가장 쉽게 침해받는 곳

학교에서는 여전히 다양한 형태의 인권 침해가 발생합니다. 경쟁을 통한 서열을 강조하는 문화가 만연하고 학생들 간의 따돌림과 교사의 권위주의적인 명령으로 인한 사건도 줄어들지 않고 있습니다.

학교에서 인권 침해가 자주 일어나는 주요 원인은 전통적인 교육관에서 비롯된 엄격한 교육과 어른에게 복종을 강요하는 가치관, 좁은 공간에서 많은 학생을 대상으로 입시 위주의 교육을 해야 하는 현실적 제약, 그리고 사제 간의 특수한 관계를 이유로 외부의 개입을 꺼리는 경향 등에서 찾을 수 있습니다. 또한 학교라는 물리적으로 격리된 공간의 특성상 외부의 감시나 개입이 제한적이라는 점도 큰 영향을 미치지요.

학교에서 발생하는 주요 인권 침해 사례로는 체벌, 두발과 복장에 대한 과도한 규제, 휴대전화 강제 수거 및 가방 검사, 성적에 따른 차별적 대우, 강제적인 자율학습과 보충수업 등이 있습니다.

학생 인권이 먼저일까? 교권이 먼저일까?

학교 교육 현장에서 학생의 인권이 존중받지 못하는 문제가 발생하자, 이를 개선하고자 '학생인권조례'가 만들어졌습니다. 학생인권조례는 2010년 경기도에서 최초로 만들어져서 서울, 광주, 전북, 충남, 제주 등 전국으로 퍼져 나갔습니다.

학생인권조례에는 기본적으로 차별받지 않을 권리, 폭력으로부터 자유로울 권리, 종교의 자유, 사생활 보호 등의 내용이 들어 있습니다. 구체적으로는 체벌 금지, 용모에 있어 개성 실현의 자유, 특정 종교 강요 금지 등의 내용을 담고 있는데요. 이 조례는 학생 인권 보장에 기여했다는 긍정적인 평가를 받는 한편, 학생 지도의 어려움을 초래하고 면학 분위기를 해친다는 부정적인 의견도 있어요.

이처럼 평가가 엇갈린 가운데, 최근에는 교권 침해 사례가 잇따라 알려지면서 '학생 개개인의 인권이 과도하게 강조되며 교권이 위축되고 다른 학생들의 학습권이 침해된다'는 지적이 이어지기도 했습니다. 그 결과 2024년 4월과 6월에 충남, 서울에서 각각 조례가 폐지되었지요.

그러나 학생인권조례 폐지가 곧 학생 인권의 후퇴를 의미하지는 않아요. 인권은 헌법에 보장된 기본적 권리이기 때문이지요. 학생인권조례에서 보장하는 권리가 헌법이 보장하는 인권의 범위를 벗어나지 않으므로, 조례가 폐지되더라도 학생의 기본적인 인권은 여전히 보호받아야 합니다.

아직 자라고 있는 청소년에게는 보호, 지도가 필요하다

나이가 어려도, 공부를 못해도, 모든 청소년은 한 인간으로서 행복할 권리가 있어요. 우리 사회의 지나친 입시 경쟁으로 인해 청소년들은 사실상 일상에서 이러한 권리를 제대로 누리지 못하고 있어요. 그러나 청소년의 인권을 진정으로 존중하기 위해서는 먼저 청소년기의 특징을 이해하고 그에 맞는 권리가 무엇인지 신중하게 살펴야 합니다.

청소년에게는 자신과 관련된 사항을 스스로 결정할 수 있는 '자기 결정권'이 있습니다. 물론 자기 결정권은 중요하지만 생명이나 안전을 위협하는 상황에서도 이를 무조건적으로 보장해야 할까요? 예를 들어, 청소년이 원한다면 술과 담배도 팔아야 할까요? 그렇지 않습니다. 술과 담배는 성장기 청소년에게 특히 해롭고 청소년은 성인보다 유혹에 쉽게 빠질 수 있어서 판매하지 않습니다. 청소년은 발달 과정 중에 있기 때문에 성인의 도움, 보호, 양육, 교육이 반드시 필요합니다.

위험한 행동과 잘못된 판단을 할 수도 있는데, 자기 결정권을 보장한다는 명목으로 청소년에게 무제한적인 자유를 준다면 과연 옳은 일일까요? 모든 것을 직접 경험해서 배울 필요는 없습니다. 때로는 어른들의 지혜를 빌리는 편이 더 나을 수 있습니다.

청소년이 범죄를 저질렀을 때 성인과 다른 기준으로 처벌하는 것도 이러한 맥락에서 이해할 수 있습니다. 예를 들어, 청소년에게 술이나 담배를 판매한 성인은 청소년보호법 위반으로 처벌받지만, 이를 구매한 청소년은 처벌 대신 선도나 보호 조치를 받습니다. 이러한 법적 차이는 청소년은 그 시기의 특성상 충동적이고 판단 능력이 부족할 수 있다는 사회적 인식에 바탕을 두고 있지요.

✅ **세계인권선언** 1948년 12월 10일, 프랑스 파리에서 열린 유엔 총회에서 만장일치로 '세계인권선언'을 채택했다. 이 선언에는 수많은 사람을 억압한 전쟁과 학살에 대한 반성과 더불어 모든 인간의 권리를 보장해야 한다는 생각이 담겼다. 세계 각국의 헌법에 반영되었으며 국제사회에 인권 의식이 뿌리를 내리는 기초가 되었다.

✅ **학생인권조례** 학생의 존엄과 가치가 학교 교육과정에서 보장되고 실현될 수 있도록 각 교육청에서 제정한 조례로, 2010년 10월 경기도교육청이 처음으로 공포한 바 있다. 각 시도 교육청별로 약간씩 차이는 있으나 일반적으로 차별받지 않을 권리, 표현의 자유, 교육복지에 관한 권리, 양심과 종교의 자유 등의 내용을 담고 있다. 다만, 교권 침해 문제와 맞물려서 서울, 경기, 전북 등의 지역에서는 학생인권조례 폐지안이 처리되었거나, 축소 움직임이 일고 있다. 대신 서울시는 학생인권조례를 대체하는 '서울특별시교육청 학교구성원의 권리와 책임에 관한 조례안'을 가결했다. 학생 인권과 교권의 균형을 어떻게 맞출지에 대해서는 사회적 논의가 진행 중이다.

✅ **교권** 전문직으로서의 교직에 종사하는 교원의 권리를 뜻한다. 넓은 의미의 교권은 교육권을 의미하고, 이는 교육을 받을 권리와 교육을 할

권리를 포괄한다. 일반적으로는 교원의 교육권이라는 제한적인 의미로 사용된다. 교사가 전문성을 바탕으로 교육과정을 운영하고 학생을 지도할 수 있는 권리, 교사의 지위와 신분이 부당하게 침해받지 않을 권리, 수업을 방해받지 않고 진행할 권리, 학생의 생활과 학습을 적절히 지도할 수 있는 권리가 포함된다.

"청소년 인권,
반드시 보장해야 한다"

1. 청소년도 동등한 인간이고
자기 결정권이 있다

세계대전의 폐허 속에서 굶주림과 질병에 시달리던 어린이와 청소년을 위해 1923년에 선언된 '아동권리선언'을 시작으로 오늘날의 유엔 아동권리협약에 이르기까지, 아동과 청소년의 권리는 단순한 혜택이 아닌 존중받아야 할 의무로 발전해 왔습니다. 청소년도 인권의 주체이며 고유의 권리를 인정받아야 하는 엄연한 자기 삶의 주체인 것이지요.

그럼에도 '미성숙함'을 이유로 그들의 인권을 제한하려는 시도가 있는데, 이는 적절하지 않습니다. 세상에는 청소년보다 미성숙한 어른도 많습니다. 단순히 나이가 많으면 성숙하고, 나이가 적으면 미성숙한 것이 아니라는 말이지요. 인권은 자격이나 능력을 따지지 않습니다. 인권 보장의 자격을 따진다면 과연 그 자격을 갖춘 사람이 누구이고 얼마나 될까요? 또한 인권을 서투르게 행사할까 봐 염려되니 인권을 제한하자는 주장은 어린아이가 넘어지지 않고 걸음마하기를 바라는 것과 다를 바 없습니다.

다른 사람의 간섭 없이 스스로 결정할 수 있는 권리를 자기 결정권이라고 합니다. 자기 결정권은 대한민국 헌법 제10조에도 명시되어 있는 인간의 기본적인 권리입니다. 어리고 미숙하다는 이유로 스스로 결정을 내리지 못하면 어른이 되어서도 올바른 결정을 내리기 힘듭니다. 스스로 판단하고 결정하는 기회를 통해 청소년은 올바른 의사결정 능력을 기를 수 있습니다.

2. 아동·청소년의 인권은
제대로 보장받고 있지 않다

한국청소년정책연구원에서 2021년 6월부터 8월까지 초4~고3 아동·청소년 8,718명을 대상으로 인권 실태조사를 실시한 결과, 청소년의 약 30%가 참여권 보장에 회의적이라고 응답했습니다. 이는 상당수의 청소년이 참여권을 보장받고 있다고 느끼지만 여전히 개선의 여지가 있음을 시사합니다.

참여권이란 청소년이 자신의 생활에 영향을 주는 일에 대해 의견을 말할 수 있으며 그 의견은 존중받아야 마땅하다는 내용을 담은 권리입니다. 이를테면 학교 운영에 관한 의사결정 과정에 참여하거나 교육청의 교육정책 수립 과정에 참여하는 등 학교 안팎에서 자신과 관련된 사안에 의견을 표하는 것이 참여권입니다. 참여권 보장을 방해하는 가장 큰 요인으로는 '청소년을 미성숙한 존재로 보는 사회적 편견'을 꼽았습니다. 또한 청소년은 1년에 1회 이상 부모와 교사로부터 체벌을 받은 경험이 각각 24%, 3.1% 있었다고 응답해, 체벌 문제도 여전히 존재함을 알 수 있습니다.

세계로 눈을 돌려보면 상황은 더 심각합니다. 세계 아동노동 현황 조사 결과(ILO-UNICEF 공동, 2020년)에 따르면 약 1억 6,000만 명의 아동이 일을 하고 있습니다. 이는 전 세계 5~17세 아동 인구의 10%에 해당하는 수로 아동 열 명 중 한 명이 노동을 하고 있는 셈이지요. 더욱 우려되는 점은 일하는 아동의 절반인 7,900만 명이 건설, 제조, 채굴 등 건강과 안전을 위협하는 일에 종사하고 있으며, 이 중 430만 명의 아동은 강제 노동에 시달리고 있다는 것입니다. 아동 노동은 아동이 당연히 누려야 할 어린 시절과 교육의 기회를 빼앗는 심각한 문제입니다.

이처럼 우리나라뿐만 아니라 전 세계적으로 아동·청소년 인권 침해 문제는 여전히 심각한 상황입니다. 그 밖에도 학업 부담으로 인한 심리적·신체적 어려움, 성폭력 사건, 개인정보 노출로 인한 피해, 학교폭력이나 왕따 등 다양한 형태의 인권 침해가 존재합니다. 특히 장애가 있는 학생이나 다문화 가정 학생은 더 심각한 인권 침해에 노출되고 있습니다.

영화 〈말죽거리 잔혹사〉를 아나요? 폭력이 일상화된 1970년대 우리네 학교 풍경을 "대한민국 학교 다 XX라 그래!"와 같은 거친 표현으로 적나라하게 묘사했습니다. 그런데 그로부터 50년도 더 지난 지금의 학교는 얼마나 달라졌을까요?

예전에는 군사독재의 폭압적인 정치 문화와 권위적인 사회 분위기가 교실에 반영되었다면, 오늘날에는 승자만이 살아남는 경쟁 제일주의 문화가 교실을 지배하고 있습니다. 인권의 핵심은 서로가 사람 대 사람으로 만나는 것이건만, 과도한 경쟁으로 인해 학교에서 교사와 학생은 그러한 관계를 형성하지 못하고 있습니다. 물질적 이익과 효율만을 중요하게 생각하는 사회, 대학 입시만을 위해 존재하는 교실에서는 어쩌면 당연한 일인지도 모릅니다.

인권은 일상에서 몸으로 경험하며 익힐 때 가장 잘 학습할 수 있습니다. 이런 측면에서 학교는 인권을 생생하게 배울 수 있는 최적의 장소입니다.

"청소년 인권,
무조건 보장해서는 안 된다"

1. 청소년은 아직
보호가 필요하다

일반적으로 청소년 인권의 법적 근거로 유엔의 아동권리협약을 이야기합니다. 이 협약에서도 18세 미만 아동, 청소년의 권리를 실현하기 위해서는 성인이 원조자 역할을 다해야 한다고 강조합니다. 더불어 이 협약의 근거가 되는 세계인권선언과 우리나라 헌법 역시, 아동은 특별히 성인이 보호하고 지원해야 할 대상이라고 규정하고 있습니다.

청소년의 권리를 보장하고 학생 인권을 존중해야 한다는 주장은 아직 미성년자인 청소년이 이 시기에 필요한 발달과제를 잘 수행할 수 있도록 지원하라는 뜻입니다. 이는 아무 제약 없이 모든 권리를 다 인정해 주어야 한다는 의미와는 완전히 다릅니다. 청소년보호법이 존재하는 이유도 이 때문이지요. 자유에는 책임이 따르기 마련인데, 아직 책임을 질 능력이 충분히 발달하지 않은 청소년은 더 성숙한 성인의 보호와 지도 아래 점진적으로 자유와 책임을 배우고 경험해야 합니다. 청소년의 권리를 존중하면서도 유해한 환경으로부터 그들을 보호하고 올바른 판단력과 책임감을 기를 수 있도록 돕는 것이 중요합니다.

2. 선진국에서도 청소년 인권은 무조건 보장하지 않는다

그럼에도 우리나라 청소년이 지나치게 자유를 제약당하고 있다고 주장하는 사람도 있습니다. 심지어 외국의 학생들은 아무런 제약 없이 자유롭게 행동하는 데 비해 우리 학생들은 마치 감옥 생활을 하는 듯이 과장되게 표현하기도 합니다. 하지만 이는 사실과 다릅니다.

선진국에서는 교사·학생·학부모의 권리와 의무에 관한 균형 있는 법적 근거를 마련하여 운영하고 있습니다. 영국은 2006년에 제정한 '교육 및 검열에 관한 법률'에 따라 교사에게 교육 활동을 방해하는 학생을 제재할 권리를 부여합니다. 미국은 2001년에 제정한 '교사보호법'을 통해 교권 침해에 대한 책임을 묻고 교사를 보호하지요. 특히 뉴욕시는 학생권리장전을 통해 학생의 책임과 의무를 강조하며 교사의 권리를 보호하고 있습니다.

반면, 우리나라 학교에서는 학생의 잘못에 대해 상대적으로 관대하게 대응합니다. 최근에는 교사를 믿고 따르기보다 아이 말만 믿고 항의하는 학부모가 늘어났습니다. 또 교사와 학부모 사이에 갈등이 생기면 교사가 약자가 되는 경우가 많습니다. 대부분의 교사가 학생과 학교를 생각해 조용히 덮고 넘어가는 것이 낫다고 생각하기 때문입니다. 이러한 상황에서 교사 폭행 사건도 종종 묵인되는 실정입니다.

물론 인권은 각 공동체의 구체적인 상황이나 조건에 따라 다르게 나타납니다. 개인을 중요하게 생각하는 서양 문화와 공동체를 중요하게 생각하는 동양 문화의 차이로 인해, 서양의 인권 개념을 동양 사회에 그대로 적용하기에는 무리가 있는 것도 사실입니다. 그런 피상적인 접근으로는 진짜 인권이 뿌리내릴 수 없지요. 우리에게는 우리 문화에 뿌리를 둔 인권이 필요합니다. 우리 문화를 중심에 두고 주체적으로 서양 인권의 장점을 수용할 때 우리 사회의 인권이 실질적으로 향상될 수 있습니다.

3. 우리나라 청소년 인권은
의무가 빠진 권리만이 강조되고 있다

현재 우리 사회에서는 철저한 개인주의를 바탕으로 한 서양의 인권 개념을 기준으로, 청소년의 권리와 학생 인권을 절대적인 가치로 인정하자는 목소리가 점차 높아지고 있습니다. 일부 교육기관과 지방자치단체에서는 충분한 논의 없이 학생인권조례나 체벌금지법 등을 제정하면서, 이에 문제를 제기하는 사람들을 인권 의식이 전혀 없는 사람으로 몰아가기도 합니다.

그런데 인권을 명분으로 법이라는 강제적 수단을 동원하면 정말로 학생 인권이 향상될까요? 오히려 학교와 사회의 갈등만 깊어지지 않을까요? 학생 인권을 절대적인 가치로 규정하는 순간 교사는 불가피하게 그 침해자의 자리에 놓일 수 있습니다. 법이 학교를 교사와 학생 간의 권리 싸움터로 만들어 버리는 것이지요. 결과적으로 교실 붕괴가 일어날 수 있습니다. 더욱이 법 규정만을 따지느라 일상적인 학교생활에서의 진정한 인권 교육은 소홀해질 수 있습니다.

한편, 자신들이 보장받고 있는 인권이 권리인 동시에 의무라는 것을 간과하는 청소년도 있습니다. 자신들이 인권을 보장받고 있다면 당연히 교사의 인권도 보장해 주어야 하며, 이는 민주주의 사회의 기본 합의라고 할 수 있습니다. 물론 모범생만 모인 집단, 시민의식이 성숙한 집단에는 학생인권조례를 적용해도 문제가 없을 것입니다. 그러나 교실은 성향이 다양한 아이들의 집합소입니다. 한마디의 부드러운 충고로 곧바로 잘못을 고치는 아이도 있지만 백번을 타일러도 꿈쩍 안 하는 아이도 있습니다. 이럴 때는 불가피하게 일정 수준의 훈육도 필요합니다. 하지만 현 학생인권조례에서는 체벌은 물론 벌점제도도 사실상 금하고 있어 학생들을 지도할 수단이 거의 없습니다.

청소년 시절에 진정으로 길러야 하는 것은 인권 감수성입니다. 이는 자신에 대한 책임과 타인에 대한 배려를 포함하며, 보편적 인권의 원리를 바탕으로 생각과 태도, 말과 행동을 조절할 수 있는 능력을 가리킵니다. 따라서 '내가 존중받고 싶으면 남을 먼저 존중해야 한다'는 기본적인 인권의식이 필요합니다.

본격 토론을 해봅시다

사회자　　김보장　　이제한

 안녕하십니까. 오늘 저희 '인간 존엄성' 토론반에서는 '청소년 인권, 반드시 보장해야 할까?'를 주제로 이야기를 나누어 보려고 합니다. 청소년은 오늘을 살아가는 시민이자 인권의 주체입니다. 특히 학생인권조례가 만들어진 이후 청소년 인권은 우리 사회의 주요 이슈로 꾸준히 논의되고 있습니다. 청소년 인권은 당연히 필요하지만 미성년자인 청소년에게 모든 권리를 다 보장해 주는 것이 과연 타당한지에 대한 논란인데요. 이번 토론을 통해 청소년 인권에 대해 더 많은 관심을 갖게 되길 바랍니다. 오늘 참석해 주신 김보장 씨와 이제한 씨의 의견을 들어 보 겠습니다. 김보장 씨부터 발언해 주시기 바랍니다.

어린이와 청소년은 단순한 보호의 대상이 아니라 권리 의 주체입니다. 세계적으로도 국가가 청소년의 권리를 보장하는 추세이며 청소년 역시 자기 결정권을 가진 엄 연한 삶의 주체입니다. 청소년이 나이가 적다고 해서 미 성숙하다는 것은 잘못된 편견입니다. 인권은 자격이나 능력에 상관없이 모든 사람에게 존재하는 권리이기 때 문입니다.

물론 청소년 인권은 존중받아야 마땅하지요. 하지만 청 소년은 아직 발달 중이며 판단력이 부족할 수 있기 때문 에 성인과는 다른 기준으로 법과 사회적 처벌이 적용되 고 있습니다. 청소년보호법을 만들어 술과 담배를 금지 하고, 유해한 매체에 대한 접근을 제한하는 등의 보호 조 치가 이루어지는 것이 그 사례입니다. 따라서 청소년의 인권을 존중할 때에는 그들의 발달 단계와 보호의 필요성을 고려해야 하며, 모든 권리를 무조건적으로 인정해 주는 것이 아니라 권리와 함께 책임과 의무의 균형을 맞춰야 합니다.

모든 권리를 아무 제약 없이 인정해서는 안 된다는 것은 잘 알겠습니다. 하지만 현재 아동·청소년 인권이 제대로 보장받지 못하는 현실은 어떻게 해결해야 할까요? 2021년 한국청소년정책연구원이 진행한 인권실태조사에 따르면 꽤 많은 청소년이 사회적 편견으로 인해 참여권을 충분히 누리지 못하고 있음이 밝혀졌습니다. 또한 과도한 학업 경쟁으로 인해 심리적·신체적 어려움을 겪고 있거나, 부모나 교사로부터 체벌을 받은 경험을 한 학생도 상당히 많았습니다.

통계로 드러나지 않는 부분도 생각해 봐야 합니다. 우리나라 청소년은 자유를 지나칠 정도로 누리고 있습니다.

우리 사회에는 정에 약한 '인정 문화'가 있어서 학생의 문제 행동에 서양보다 비교적 관대하게 대응합니다. 우리보다 청소년 인권 교육에 더 예민할 것 같은 선진국은 오히려 학생이 교육 활동을 방해하거나 교권을 침해할 경우 강력하게 책임을 묻고 있습니다.

하지만 우리나라와 서양의 교육 환경은 너무나도 다릅니다. 현재 우리 학교에서는 입시 위주의 경쟁 제일주의 문화로 인해 교사와 학생이 사람 대 사람의 관계를 형성하지 못하고 있습니다. 학교 내 체벌이 금지되고 두발이 자유화되는 등 과거에 비해 학생 인권이 많이 개선되었지만, 성적 앞에만 서면 무엇이 중요한지가 너무나 흐릿해집니다.

학생 인권이 절대적인 가치가 되는 순간 교권은 침해될 수 있습니다. 물론 모범생만 모인 집단에는 학생인권조례를 적용해도 문제가 없을 겁니다. 하지만 백번을 타일러도 꿈쩍하지 않는 학생에게는 일정 수준의 훈육이 필요합니다. 현재 학생인권조례에서는 체벌은 물론 벌점 제도도 사실상 금하고 있어 학생들을 지도할 수단이 거의 없습니다. 교사의 인권은 배제한 채 학생 인권만 강조하는 학생인권조례는 인권에 대한 잘못된 인식을 심어줄 수 있습니다.

네, 긴 시간 함께해 주신 두 분께 감사드립니다. 이제 마칠 시간이 되었는데, 두 분 마무리 발언을 해주시죠.

청소년 인권 보장에는 제한이 없어야 한다고 생각합니다. 인권은 사람이면 누구나 누려야 할 권리이므로 나이가 어린 학생이라는 이유로 헌법에 보장된 자기 결정권이 제한되어서는 안 됩니다. 최근 인권실태조사 결과에서도 아동·청소년의 인권은 제대로 보장받지 못하는 것으로 나타났습니다. 청소년 인권이 제대로 존중받으려면 학생 인권을 존중하는 학교의 역할이 중요합니다.

물론 청소년 인권은 중요하지만 학생이라는 특수성을 고려하여 어느 정도의 제한이 필요합니다. 청소년의 인권을 보장하며 가장 먼저 고려해야 할 것은 '보호'입니다. 청소년은 나이도 어리고 경험도 부족해서 아직 판단력이 부족할 때가 많습니다. 아직은 어른들의 보살핌과 도움이 필요한 존재입니다. 또한, 서양의 개인주의를 바탕으로 청소년 인권을 절대적 가치로 인정하면 교사의 인권이 침해될 수 있습니다. 따라서 교사의 인권은 배제한 채 학생 인권만 강조하는 학생인권조례도 개정이 필요합니다.

1. 책의 내용을 보며 다음 빈칸을 채워 보자.

- (   )은 1948년 12월 10일, 프랑스 파리에서 열린 유엔 총회에서 채택한 선언이다. 세계 각국의 헌법에 반영되었으며 국제사회에 인권 의식이 뿌리내리는 기초가 되었다.

- (   )는 학생의 존엄과 가치가 학교 교육과정에서 보장되고 실현될 수 있도록 각 교육청에서 제정한 조례로, 2010년 10월 경기도교육청이 처음으로 공포했다.

- (   )란 일반적으로 전문직으로서의 교직에 종사하는 교원의 권리를 뜻한다. 넓은 의미로 교육권을 의미하는데, 이것은 교육을 받을 권리와 교육을 할 권리를 포괄한다.

2. 토론 내용을 보고 찬성과 반대 입장의 주장과 그 근거를 간단히 정리해 보자.

- 청소년 인권은 반드시 보장해야 할까?

- 찬성

- 반대

3. 청소년 인권 존중에 대한 나의 생각을 정리해 보자.

· 나는 청소년 인권 존중에 대해 _____
  라고 생각한다.
  왜냐하면

2

청소년 범죄 처벌을 강화해야 할까?

청소년 범죄
처벌을 강화해야 한다

청소년 범죄
처벌을 강화해서는 안 된다

최근 몇 년 사이에 10대 청소년 범죄가 가파르게 증가하고 2022년 넷플릭스 오리지널 시리즈 <소년심판>이 인기를 얻으면서 촉법소년 연령 하향에 대한 논쟁이 뜨거워지고 있습니다. 1953년에 제정된 현행 촉법소년의 기준이 현실과 괴리가 있다는 지적입니다. 당시에 비해 청소년들의 신체적·정신적 성숙도가 높아졌고, 특히 형사처벌을 피하기 위해 소년법을 악용하려는 청소년까지 늘어나고 있는 실정입니다. 이에 촉법소년 연령을 낮추려는 입법 시도가 국회에서 지속적으로 이루어졌지만, 아직 진전이 없는 상황입니다.

2020년 서울에서 발생한 사건은 이 문제의 심각성을 잘 보여 줍니다. 차를 훔친 중학생 여덟 명이 대전까지

운전하고 갔다가 오토바이와 충돌한 후 달아났습니다. 이 사고로 배달 아르바이트를 하던 대학 신입생이 목숨을 잃었습니다. 꿈 많은 한 청춘의 목숨을 앗아갔는데도 사고를 낸 중학생들은 나이가 어리다는 이유로 형사 처벌을 받지 않았습니다.

청소년 강력 범죄에 대한 미약한 처벌로 국민의 의견이 분분한 가운데 소년법은 여러모로 딜레마에 직면해 있습니다. 미성숙한 청소년에게 교화와 반성의 기회를 줘야 한다는 의견도 있습니다. 하지만 그들이 저지른 몇몇 심각한 범죄는 오직 미성년이라는 이유만으로 그냥 넘겨도 될지 의문이 들게 합니다.

소년법은 왜 생겨났을까?

청소년은 성인과 달리 신체적·정신적으로 미숙하기 때문에 성인 범죄자와 동일하게 엄중히 처벌하는 것은 적절하지 않습니다. 따라서 이들의 범죄나 비행은 일반 형사 절차와 달리 '소년법'으로 다루어지지요.

소년법은 이처럼 청소년에게 성인과 다른 특별한 보호처분을 하기 위해 제정되었는데요. 이 법은 19세 미만 청소년을 대상으로 형벌보다는 보호관찰이나 소년원 송치와 같은 보호처분을 내림으로써 그들이 미래에 건전하게 성장할 수 있도록 돕습니다. 즉 소년법은 처벌이 아닌 교정과 교화에 목적을 두고 있습니다. 교육을 통해 앞으로 변화할 수 있는 가능성이 크다고 보는 것이지요.

또한 범죄를 엄하게 처벌하는 엄벌주의가 오히려 부작용을 초래할 수 있습니다. 예를 들어, 소년범이 과도한 처벌을 받으면 심리적으로 위축되거나 복수심을 품을 수도 있습니다. 게다가 제대로 보살핌을 받지 못한 청소년이 무거운 처벌을 받는다면, 학교 진학을 포기하고 사회적으로 낙인찍힐 가능성이 높아지지요. 이는 재범률 증가의 원인이 될 수 있습니다.

빅토르 위고의 소설 『레 미제라블』의 주인공 장발장은 잘못된 형사처벌의 사례로 자주 언급됩니다. 그가 빵 한 조각을 훔친 후 19년간 복역한 이유는 빵을 훔쳤기 때문이 아니라 교도소에서 계속 탈출을 시도했기 때문이에요. 만약 처음부터 교육이나 사회봉사 등의 대안적 처벌이 있었다면 결과가 달라졌을 수도 있습니다.

다른 한편으로, 자동차를 훔쳤다는 이유로 소년에게 벌금형이나 집행유예를 선고하는 것은 큰 의미가 없을 수 있습니다. 벌금형이라면 부모가 대신 납부할 것이고, 집행유예는 그냥 집으로 돌아가는 것이나 다름이 없습니다. 이러한 처벌만 해서는 소년이 무엇을 잘못했는지, 앞으로 어떻게 해야 하는지 제대로 인식하지 못한 채 똑같은 비행을 반복할 가능성이 있습니다. 그렇기에 소년법을 통해 너무 과도하지 않으면서도 잘못은 바로잡는 처벌을 내리고자 한 것이지요.

모든 소년이 형사처벌을 피할 수 있는 건 아니다

같은 미성년자라고 해도 14세 이상 19세 미만은 '범죄소년'이라고 하여 죄질이 가벼우면 소년 재판을, 죄질이 무거우면 성인 범죄자와 마찬가지로 형사 재판을 받습니다. 소년법이 있으니 모든 소년이 형사처벌을 피할 수 있다고 생각해서는 안 됩니다. 형사처벌을 받으면 감옥에 갈 뿐만 아니라 전과가 남습니다. 다만 같은 범죄라고 해도 성인보다 낮은 형량을 받고, 감옥에서 수감 생활을 성실하게 하면 가석방의 기회도 빨리 주어집니다.

10세 미만, 즉 갓난아기부터 9세까지는 '범법소년'이라고 하는데요. 이들은 어떤 범죄를 저질러도 처벌을 받지 않습니다. 재판을 받지도 않고, 감옥에 가지도 않습니다. 당연히 전과 기록도 남지 않습니다. 살인죄를 저질렀다 해도 마찬가지예요.

우리에게 익숙한 '촉법소년'은 '법을 어긴 소년'이라는 뜻으로, 10세 이상에서 14세 미만의 청소년이 여기 해당합니다. 우리나라 형법 제9조에서는 "14세 되지 아니한 자의 행위는 벌하지 아니한다"고 규정하고 있으며, 이를 근거로 하여 14세 이상이어야 자신이 저지른 죄에 대해서 형벌을 받게 되어 있습니다. 이 나이가 되지 않은 사람은 자신의 행동에 대해 책임을 질 수 없다고 보는 것입니다. 하지만 형벌은 받지 않더라도 소년법에 따라 소년원 등으로 가는 보호처분을 받습니다.

오늘날 10대의 범죄는 단순 절도나 가벼운 폭력을 넘어 더욱 심각하고 복잡해지고 있습니다. 매장에서 물건을 몰래 훔치거나 또래의 주머니를 뒤지는 정도가 아닙니다. 일부 범죄는 잔인성과 대담성 그리고 지능화된 수법 면에서 성인 범죄에 버금갑니다. 부산 여중생 집단 폭행 사건이나 인천 초등학생 살인 사건처럼, 보호받아야 할 어린 학생들이 청소년 범죄의 주요 피해 대상이 되면서 청소년을 보호하기 위한 소년법의 취지와 현실 사이의 괴리가 드러나고 있습니다. 세상이 변하면 법도 변해야 합니다. 소년법은 시대에도 맞지 않고, 국민의 법 감정에도 반합니다.

죄를 지으면 그에 맞는 벌을 받아야 마땅한데, 이렇게 중범죄를 저질러도 제대로 된 처벌을 받지 않으니 청소년들이 법을 두려워하지 않고 악용하는 사례가 늘어나고 있습니다. 법무부 자료에 따르면, 최근 10년간 소년범의 재범률은 약 12%로 성인 (5%)의 두 배가 넘는 것으로 나타났습니다. 오히려 "한 번 갔다

오지, 뭐~"라는 식의 안일한 태도를 보일 정도로 법을 우습게 보는 청소년이 생겼다는 우려도 있지요.

2022년 2월 경찰에 붙잡힌 13세 소년 A군의 사례를 봅시다. A군은 20여 차례나 상습적으로 무인점포 결제기를 노려 절도를 했고, 피해 금액은 700만 원이 넘었습니다. 경찰에 수차례 붙잡혔으나 풀려나면 다시 범행을 저질렀습니다. 경찰서에서 A군은 당당하게 "난 촉법소년인데 처벌할 수 있겠냐"며 큰소리를 쳤다고 합니다.

이처럼 문제는 일부 청소년이 형사처벌을 받지 않는다는 점을 악용해 범죄를 저지르는 데 있습니다. 범죄 행위에 대해서는 적절한 책임과 처벌이 따라야 하며, 잘못을 뉘우치고 개선의 기회를 가져야 합니다. 그러나 현행 소년법 체계로 인해 범죄에 대한 일부 청소년의 경각심이 줄어들고 있다는 우려가 제기되고 있습니다.

소년법의 근본 취지인 청소년 보호와 건전한 성장 지원이라는 목표를 유지하면서도, 변화하는 사회 현실과 국민의 법 감정을 고려한 제도적 보완이 필요한 시점입니다.

점점 심각해지는

청소년 범죄를 막는 방법은 엄벌뿐일까?

경찰청 통계에 따르면 2023년 촉법소년 수는 1만 9,654명으로 4년 전인 2019년 8,615명에 비해 크게 증가했습니다. 최근 5년간 총 6만 5,987명의 촉법소년이 범죄를 저질렀으나 형사처벌을 받지 않았습니다. 이들은 주로 절도(3만 2,673명)와 폭력(1만 6,140명) 등의 범죄를 저질렀습니다. 특히 우려되는 점은 강력 범죄의 증가입니다. 방화는 263명, 강도는 54명, 마약의 경우 50명, 살인은 11명 등 심각한 범죄도 다수 발생했습니다.

청소년 범죄의 저연령화 추세도 뚜렷합니다. 2019년부터 2023년까지의 5년간 촉법소년 송치 현황을 보면, 만 13세의 송치 인원은 감소했지만, 초등학생(10~12세) 촉법소년의 2023년 송치 인원은 2019년 대비 132.6% 급증했습니다. 특히 10세(초4)의 경우 183.8%, 11세는 204.5%, 12세는 97.0% 증가했습니다.

청소년 범죄의 심각성에 대한 우려가 커지면서, 2022년 법무부는 촉법소년 연령을 14세 미만에서 13세 미만으로 낮추는 법 개정을 발표했습니다. 이는 청소년 범죄에 대한 사회적 불안과 엄벌에 대한 요구를 반영한 것으로 볼 수 있습니다.

소년법을 비판하는 입장에서는 현행법이 청소년 범죄자에게 지나치게 관대하여 범죄 예방과 처벌 효과가 미미하다고 주장합니다. 성인과 동일한 기준으로 처벌했다면 흉포한 범죄를 막을 수 있었을 것이라고 보는 것이지요. 이들은 쓸데없는 관용이 결국 지금의 사태를 만들었다고 주장합니다.

그러나 전문가들은 단순한 처벌 강화가 범죄 예방의 해답은 아니라고 지적합니다. 예를 들어, 운전면허 시험의 난이도 상향이나 사형제도의 부활이 관련 문제를 근본적으로 해결할 수 있는지에 대해서는 늘 의문이 제기됩니다. 한국은 1997년 이후 사형을 집행하지 않고 있는 실질적 사형 폐지국입니다.

엄벌주의를 지지하는 주된 이유는 강력한 처벌이 범죄를 억제할 수 있다는 믿음 때문입니다. 하지만 범죄학 연구에 따르면, 처벌의 엄격성보다는 처벌의 확실성과 신속성이 범죄 예방에 더 효과적일 수 있습니다.

청소년 범죄의 근본 원인을
해결하기 위한 노력이 필요하다

촉법소년 범죄의 원인은 크게 가정·사회·학교 환경 요인으로 나눌 수 있습니다. 가정 환경 요인에는 가정불화, 가정폭력, 부모의 무관심 등이 있습니다. 이러한 가정환경 속에서 자란 청소년은 정서적으로 불안정하고, 사회에 대한 불만이 커져서 상대적으로 범죄를 저지르기가 쉽습니다.

사회 환경 요인에는 청소년 유해환경의 확산, 사회·경제적 불평등 등이 있습니다. 인터넷과 게임 등 유해환경에 과도하게 노출된 청소년은 폭력적 행동이나 불법적 행위에 대한 감수성이 무뎌질 수 있습니다. 또한, 경제적 어려움을 겪는 청소년 중 일부는 금전적 이득을 위해 불법적인 행동을 선택할 가능성이 있습니다.

학교 환경 요인으로는 입시 위주의 교육, 학교폭력 등이 있습니다. 과도한 학업 스트레스과 학교폭력 피해 경험은 청소년들의 정서적 안정을 해치고, 분노와 적대감을 유발해 때때로 공격적 행동이나 범죄로 이어질 수 있습니다.

재범을 저지른 청소년의 상당수는 부모의 이혼·별거·사망 등으로 인한 가족해체를 경험했으며, 심리적으로는 충동 조절에 어려움을 겪습니다. 또한 게임 중독이나 불규칙한 생활 습관 등의 문제를 보이는 경우가 많습니다.

이처럼 청소년 범죄는 복합적인 환경적 요인에서 비롯되므로, 단순히 처벌을 강화하는 것만으로는 해결될 수가 없습니다. 사회는 청소년 범죄의 근본적 원인을 파악하고, 이를 해결하기 위한 종합적인 대책을 마련해야 합니다. 또한 소년범들의 개별적 상황을 고려하여, 재범 방지와 건강한 사회 복귀를 위한 맞춤형 보호처분과 지원 프로그램을 제공해야 합니다.

✅ **보호처분**　10세 이상에서 19세 미만의 소년이 죄를 저지르거나 그럴 위험이 있을 때 내리는 조치이다. 소년의 재비행을 막고 건전한 성장을 돕기 위해 소년부 판사가 소년의 환경을 조정하거나 성품과 행실을 교화하려고 내린다. 보호처분의 유형은 총 열 가지로, 숫자가 낮을수록 처분이 가볍다.

✅ **소년 재판**　한국에는 소년 전문 법원이 없다. 대신 14세 이상 소년의 경우는 죄질에 따라 다르게 처리된다. 죄질이 가벼우면 지방법원이나 가정법원 소년부에서 소년 재판을 받고, 죄질이 무거운 소년범은 일반 형사 법원에서 재판을 받는다. 일반 재판과 달리 소년 재판에는 허가받은 사람만 입장할 수 있으며, 판사 한 명과 소년범 그리고 소년범의 부모님이나 보조인 정도만 재판장에 들어갈 수 있다. 검사도 없고 방청객도 없으며, 심지어 사건의 피해자도 참석할 수 없다. 형사 재판은 공개 원칙을 따르지만, 소년 재판은 원칙적으로 비공개로 진행되기 때문이다.

✅ **소년범**　범죄를 저지른 19세 미만 미성년자를 통칭한다. 여기에는 14세 이상 19세 미만으로 형사처벌 대상인 '범죄소년'과 10세 이상 14세 미만으로 형사처벌 대상이 아닌 '촉법소년'이 포함된다. 10세 미만

은 '범법소년'이라고 하며, 이들에게는 형사처벌은 물론 보호처분도 내릴 수 없다.

✅ **엄벌주의** 범죄에 대해 강력하고 엄중한 처벌을 내리는 형사정책으로, 범죄자에게 무거운 형량을 부과하거나 처벌의 강도를 높임으로써 범죄를 억제하고 예방하려는 정책이다. 엄벌주의는 흔히 '솜방망이 처벌'이라고 불리는 관대한 처벌과 대비된다. 솜방망이 처벌이 범죄자의 교화와 재사회화에 중점을 두는 반면, 엄벌주의는 처벌의 강도를 높여 범죄 억제 효과를 극대화하고자 한다. 엄벌주의 지지자들은 이 접근법이 잠재적 범죄자에게 강력한 경고 메시지를 보내 범죄를 예방할 수 있다고 주장하지만, 비판자들은 이것이 재범률 감소에 효과적이지 않을 수 있다고 지적한다.

"청소년 범죄 처벌을 강화해야 한다"

1. 소년 범죄는 계속해서 증가하고 있다

2023년 11월 아파트 고층에서 초등학생이 돌을 던져 사람이 죽는 충격적인 사건이 일어났지만, 달리 처벌할 방법이 없었습니다. 촉법소년에도 해당하지 않는 10세 미만의 어린이였기 때문입니다. 이처럼 무거운 죄를 지어도 나이가 어리다는 이유로 지금껏 처벌을 피해 가는 사례가 많았습니다. 과연 이

것이 옳은 일일까요? 어리다고 봐주면 심각성을 느끼지 못하고 다시 잘못을 저지를 가능성이 높습니다. 경찰청 통계에 따르면 촉법소년 범죄자 수가 2021년 1만 1,677명에서 2022년 1만 6,435명, 2023년에는 1만 9,653명으로 매년 증가세를 보이고 있으며, 이는 2018년(7,364명)에 비해 두 배 이상 늘어난 수치입니다. 또한, 범죄 연령대마저 점차 낮아져서 초등학생 연령인 10~11세 비중이 점차 증가하고 있으며, 성인 범죄로 여겨졌던 마약 범죄에서도 촉법소년의 증가세는 두드러집니다. 2023년 마약범죄로 입건된 촉법소년은 50명으로 2019년(2명)에 비해 25배가 늘었습니다.

2. 해외, 점점 심각해지는 청소년 범죄에 엄벌 카드를 꺼내다

소년법의 연령을 낮추고 처벌을 강화하는 움직임을 보인 나라들이 있습니다. 일본은 1997년 중학생의 아동 연쇄살인 이후 소년범죄 처벌을 강화했고, 영국 역시 자신의 고백을 거절했다는 이유로 여학생을 잔인하게 살해한 사건이 벌어지며 기존 대비 두 배가 넘는 형량을 부여할 수 있는 법이 제정되기도 했습니다. 중국은 형사처벌 연령을 14세에서 12세로 하향 조정했습니다.

원래 소년법은 처벌보다는 교화에 목적을 두고 있습니다. 범죄를 저지르고 교도소에 수감되면 사회에 다시 적응하기가 어렵기 때문에, 앞길이 구만리 같은 청소년에게 죄에 비해 가벼운 처벌을 내려 한 번 더 기회를 주자는 것이 소년법의 취지입니다. 하지만 이를 악용하는 청소년이 급증하면서 소년법의 본래 취지가 퇴색되고 있습니다. 처벌 수위가 약하기 때문에 죄의식을 전혀 느끼지 못하는 청소년 범죄자가 굉장히 많고, 소년법의 허점을 이용해 반복적으로 범죄를 저지른 사례가 있습니다. 이러한 문제를 해결하려면 중범죄를 저지른 청소년이라도 성인과 동일한 형량으로 처벌받아야 합니다.

3. 잘못을 하면 벌을 받는다는
정의사회가 구현되어야 한다

소년법에 대한 문제 제기가 계속되는 이유 중 하나는 정의가 제대로 구현되지 못하기 때문입니다. 2024년 9월 청와대 국민청원 게시판에 '촉법소년 나이를 만 12세로 개정해 달라'는 글이 게시됐습니다. 학폭 가해자가 촉법소년임을 내세워 제대로 된 사과와 반성을 하기는커녕 소셜미디어를 통해 피해자를 저격하는 등 2차 가해를 하고 있다는 사연이었습니다. 이처럼 제대로 된 처벌과 강력한 조치가 이루어지지 못해 피해자가 사건 이후에도 고통을 받는 경우가 많습니다.

일부 청소년은 소년법이 자신을 보호해 준다는 것을 알고 고의로, 또는 장난삼아 범죄를 저지르기도 합니다. 청소년의 분별력이 떨어진다는 이유만으로 처벌 수위를 낮추는 것은 적절하지 않습니다. 소년법이 제정되었을 당시와 달리, 현재 청소년은 범죄에 대한 사고가 성인과 거의 유사합니다. 범죄의 잔혹성이나 치밀함이 성인 범죄와 유사해지고 있다는 의미입니다.

청소년 범죄에서 보호받아야 할 대상은 가해자만이 아닙니다. 더는 억울한 피해자가 나오지 않고 정의가 실현될 수 있도록 피해자 중심의 법적 처벌 강화가 이루어져야 합니다.

"청소년 범죄 처벌을
강화해서는 안 된다"

1. 처벌 강화가
오히려 재범률을 높인다

촉법소년의 강력 범죄가 언론에 보도되면서 일부 대중이 촉법소년제도의 개정을 요구하고 있습니다. 이 제도가 오히려 청소년 범죄를 조장한다는 것이지요. 그러나 단순히 처벌 대상 연령을 낮추는 것은 근본적인 해결책이 아닐뿐더러 소년범의 범죄율을 낮추지도 못합니다.

특히 덴마크의 경우 형사처벌 기준 연령을 만 15세에서 만 14세로 낮춘 뒤 오히려 재범률이 증가하고 전체 소년범죄도 줄지 않아 2년 뒤 다시 만 15세로 상향 조정하기도 했습니다. 범죄학자들의 연구에 따르면 교도소가 오히려 범죄학교 역할을 해서 범죄율만 오른다고 합니다. 이는 형벌이 범죄 예방이 아닌 또 다른 범죄를 유발함을 증명합니다.

청소년들은 신체적·정신적으로 미성숙하며 성인에 비해 가치판단 능력이 부족합니다. 더욱이 이들의 비행은 대부분 환경과 밀접한 관련이 있습니다. 가정폭력을 경험했거나 방치된 경우가 많습니다. 자립할 수 없는 아이들에게 개인적 책임을 떠넘길 것이 아니라, 사회가 함께 문제를 해결해야 합니다.

소년 사건에서는 처벌보다 교화가 특히 중요합니다. 그들이 자신의 잘못을 깨닫고 진심으로 반성하며, 올바른 가치관을 형성할 수 있도록 돕는 것이 가장 중요한 목표가 되어야 합니다.

청소년 범죄는 연간 약 6만 건 발생하지만, 소년교도소와 소년원에서 수용하여 교화할 수 있는 인원은 5,000여 명에 불과합니다. 실제 전국 소년원은 수용 가능 인원보다 1.2배에서 1.6배 많은 인원을 수용하고 있어 효과적인 사회화 교육이 어려운 실정입니다. 소년교도소는 김천에 한 곳, 소년원은 전국에 열 곳뿐으로, 일본의 소년교도소 일곱 곳, 소년원 쉰두 곳과 비교해도 적음을 알 수 있습니다. 심지어 정규 교육과정을 제공하는 곳은 세 곳에 불과합니다. 소년법을 강화한다면 그 인원을 수용할 곳을 건설하고 관리할 인력을 구해야 하는 등 막대한 비용 지출이 예상됩니다.

또한 소년범 중에는 정신질환을 앓고 있지만 적절한 치료를 받지 못하는 경우가 많습니다. 이들에게는 심리치료와 정신과 치료가 필수적이지만, 정신질환이 있는 소년범을 위한 전문 의료시설은 매우 부족한 실정입니다. 대전소년원에 소속된 의료 보호시설이 유일하게 소년범을 수용하고 있지만 이마저도 구조적 한계가 있습니다. 다른 병원은 대부분 감시 인력 부족 등을 이유로 입원을 거절하고 있습니다.

이처럼 인프라가 제대로 구축되지 않은 상태에서 촉법소년 제도를 폐지하거나 연령을 하향 조정하면 오히려 범죄자만 양산될 우려가 있습니다.

3. 낙인효과가 사회적 고립을 유발, 재범률을 높인다

소년법이 비판받는 핵심 이유는 잘못을 저지른 소년에게 '처벌'이 아닌 '보호처분'이 주어진다는 점입니다. 하지만 소년들이 범죄를 저질러도 단순히 교육이나 봉사 몇 시간으로 쉽게 용서받는다는 인식은 사실과 다릅니다. 청소년 입장에서 보호처분은 형사처벌 못지않게 두려운 조치입니다.

일시적인 충동이나 반항심으로 문제를 일으킨 소년들을 형사처벌하면, 사회적 낙인이 찍혀 향후 정상적인 사회생활이 어려워질 수 있습니다. 이는 사회적 고립을 유발하고, 또 다른 범죄 행위를 저지를 가능성을 높입니다.

보호처분은 흔히 생각하는 것과 달리 교육이나 봉사에만 국한되지 않습니다. 6개월에서 2년까지 시설에 위탁되거나 소년원에 수용되어 자유가 제한됩니다. 소년들에게 보호처분은 벌금이나 집행유예와 같은 형사처벌보다 더 무겁고 부담스러울 수 있습니다. 또한 청소년에게는 처벌의 종류와 상관없이 처벌을 받는다는 사실 자체가 큰 충격일 수 있습니다. 더구나 학교에 소문이 퍼지면 학교생활에 심각한 지장을 받을 수 있고, 이로 인한 우울증은 청소년의 미래에 형사처벌보다 더 부정적인 영향을 미칠 수 있습니다.

본격 토론을 해봅시다

사회자   김강화   이유지

 안녕하십니까. 저희 '인간 존엄성' 토론반에서는 '청소년 범죄 처벌을 강화해야 할까?'를 주제로 이야기를 나누어 보려 합니다. 최근 청소년 범죄의 미약한 처벌에 대한 사회적 불만이 커지고 있습니다. 소년법을 개정해 강력하게 처벌해서 경각심을 심어 줘야 한다는 주장이 제기되고 있습니다.

이번 토론을 통해 청소년 범죄 처벌 강화 논란에 대해 더 많은 관심을 갖게 되기를 바랍니다. 오늘 참석해 주신 김강화 씨와 이유지 씨의 의견을 들어 보겠습니다. 김강화

14세면 중학생입니다. 2017년 부산 여중생들의 학교폭력을 포함해서 청소년의 범죄가 날로 심각해지고 있습니다. 하지만 처벌 수위가 낮다 보니 죄의식을 전혀 느끼지 못하는 청소년 범죄자가 굉장히 많습니다. 특히 최근 12년간 청소년 재범률과 강력 범죄는 꾸준히 증가했습니다. 법무부의 범죄 통계를 보면 소년범죄 재범률이 성인(5%)의 두 배가 넘는 12%로 나타나고 있습니다. 또 재범 소년 중 절반가량은 세 번 이상 범죄를 저지르고 있는 것으로 나타났습니다.

소년법으로 인해 중범죄를 저지른 청소년들에게 가벼운 보호처분을 내리는 것은 옳지 못합니다. 법에 문제가 있다면 법을 바꾸고 개선해야 하지 않을까요?

단순히 처벌 대상의 연령을 낮추고, 처벌의 강도를 높인다고 해서 소년범의 범죄율이 줄어들까요? 이는 근본적인 해결책이 아닙니다. 소년들은 신체적·정신적으로 미성숙하며 판단력도 성인에 비해 부족합니다. 아이가 말을 안 들으면 부모가 매를 들어야 하나요? 조금 가벼운 방법이 먹히지 않는다고 해서 더 심한 처벌을 내리는 것은 옳지 않다고 생각합니다. 오히려 매가 말보다 아이에게 더 안 좋은 영향을 미칠 수도 있고요. 따라서 범죄를 저지르는 청소년에게 교육보다 처벌이 중요하다고 할 수는 없습니다.

그 취지에는 공감합니다. 하지만 이를 악용하는 청소년이 늘어나는 게 문제입니다. 처벌 수위가 약한 소년법의 허점을 이용해 죄의식 없이 지속적으로 범죄를 저지르는 청소년이 증가하고 있습니다. 중범죄를 저질러도 제대로 된 처벌을 받지 않으니 청소년들이 법을 두려워하지 않아 재범률이 40%나 됩니다. 교육은 지금도 충분히 하고 있지 않나요? 그런데도 상황은 전혀 나아지지 않고 있습니다. 현재의 방식에 문제가 있다는 반증입니다. 따라서 현재 촉법소년의 나이 기준을 낮추고 죄에 따라 처벌을 강화해야 합니다.

형사처벌은 소년들에게 부정적인 영향을 줄 수 있습니다. 촉법소년 연령을 낮춰 13세 소년이 교도소에서 성인 범죄자와 같이 생활하면 그들로부터 범죄 방법을 배우고 출소 후 다시 범죄의 길에 들어설 가능성이 높아집니다. 범죄 예방을 위한 형벌이 오히려 또 다른 범죄를 낳는 것이지요. 교도소가 범죄 학교가 되는 부작용도 결코 가볍게 볼 일이 아닙니다.

또한 순간적인 반감이나 충동으로 범죄를 저지른 소년을 형사처벌하면 사회적 낙인이 찍히고, 범죄자라는 이력 때문에 사회 복귀 후 정상적인 생활이 어려워질 수 있습니다. 이처럼 청소년에게 부정적인 영향을 줄 수 있는 형사처벌을 최소화해야 합니다.

문제는 청소년 범죄의 죄질이 성인 범죄 못지않게 잔인

해지고 있다는 점입니다. 이로 인해 미국, 영국, 일본 등에서는 이미 소년범에 대한 처벌을 강화했습니다. 예를 들어 미국의 경우 흉악범죄를 저지르면 소년법원 관할이 아닌 성인법원에서 관할하며, 일본은 촉법소년 연령을 16세에서 14세로 낮췄습니다. 그동안 청소년 범죄의 솜방망이 처벌로 인해 피해자와 그 가족들은 억울함과 울분을 제대로 풀지 못했습니다. 잘못한 사람은 벌을 받는다는 너무나 당연한 사회정의가 구현되어야 한다고 생각합니다.

소년을 어른처럼 형벌로 다스려야 할까요? 그래야 두려움을 느끼고 정신을 차릴까요? 소년들에게 보호처분은 형사처벌보다 결코 가볍지 않습니다. 대개 보호처분은 여러 가지가 동시에 부과됩니다. 예를 들어, 1호, 2호, 3호 처분을 함께 받을 수 있습니다. 이는 6개월간 주 1회 위탁보호위원 면담(1호), 40시간의 상담 또는 교육 이수(2호), 40시간의 사회봉사 활동(3호)을 의미합니다. 보호처분을 불성실하게 이행하면 기간 연장이나 더 중한 처분으로 변경될 수 있어, 소년들에게 상당한 부담이 됩니다.

네, 긴 시간 함께해 주신 두 분께 감사드립니다. 이제 마칠 시간이 되었는데, 두 분 마무리 발언을 해주시죠.

청소년 범죄에 대한 처벌은 강화되어야 한다고 생각합니다. 소년법이 악용되어 청소년 범죄가 점점 심각해지고 있습니다. 청소년들은 범죄의 결과를 알 만큼의 판단력을 지니고 있습니다. 교육이나 교화 수준의 처벌은 지금 별다른 효력을 보이지 못하고 있습니다. 범죄를 줄이려면 더 강력한 처벌이 필요합니다.

최근 청소년 범죄율 증가로 소년법 개정과 촉법소년 연령 하향에 대한 요구가 커지고 있습니다. 하지만 청소년 범죄는 아이들만의 문제가 아니라 사회가 함께 해결해

야 할 문제입니다. 환경 때문에 어쩔 수 없이 범죄를 저

지르는 경우도 많은데, 그 책임을 청소년 개인에게 떠넘

기는 것은 너무 가혹합니다. 따라서 우발적으로 범죄를

저지른 청소년을 사회에서 격리하는 형사처벌을 내리기

보다 보호와 교육을 통해 행동 개선을 유도하는 현행 소

년법을 유지해야 합니다.

1. 책의 내용을 보며 다음 빈칸을 채워 보자.

- (   )은 10세 이상에서 19세 미만의 소년이 죄를 행하거나 죄를 행할 우려가 있을 경우 소년부 판사가 재비행을 방지하고 건전한 성장을 돕는다는 명목으로 소년의 환경 조정이나 교화를 위해 내리는 조치이다.

- 소년 전문 법원이 없는 한국은 죄질이 가벼운 14세 이상 소년에게는 지방법원이나 가정법원 소년부에서 (   )을, 죄질이 무거운 소년범은 일반 형사 법원에서 재판을 받게 하고 있다.

- (   )이란 범죄를 저지른 19세 미만 미성년자를 통칭한다.

- (   )이란 범죄에 대해 강력하고 엄중한 처벌을 내리는 형사정책이다. 범죄자에게 무거운 형량을 부과하거나 처벌의 강도를 높임으로써 범죄를 억제하고 예방하려는 취지를 가지고 있다.

2. 토론 내용을 보고 찬성과 반대 입장의 주장과 그 근거를 간단히
   정리해 보자.

   · 청소년 범죄 처벌을 강화해야 할까?

   · 찬성

   · 반대

3. 청소년 범죄 처벌에 대한 나의 생각을 정리해 보자.

- 나는 청소년 범죄 처벌을 _____
  라고 생각한다.
  왜냐하면

3

디지털
잊힐 권리,
법제화해야 할까?

디지털 잊힐 권리를
법제화해야 한다

디지털 잊힐 권리
법제화는 신중해야 한다

온라인에서의 삶이 제2의 삶으로 자리를 잡으면서 실제 삶에 직접적인 영향을 미치고 있습니다. 디지털 장의사처럼 온라인상의 과거 흔적을 지워 주는 사람과 기업이 늘어났고, 유출된 개인정보로 인한 피해 사례도 증가하고 있습니다.

하지만 다양한 네트워크가 얽혀 있는 탓에 정보가 한곳에 머무르지 않고 여기저기 퍼지거나 해외까지 빠르게 전파되기 때문에 비전문가가 정확하고도 너무 늦지 않게 정보를 지우기에는 어려움이 따릅니다. 특히 딥페이크_{deep fake} 기술을 이용해 인터넷에 올라온 사진으로 악의적인 영상과 사진을 만들어 유포하는 사례가 늘고 있어 사회적 문제로 대두되고 있습니다. 인터넷과 SNS에

친숙한 청소년에게 그 파급력이 더 크다는 것도 큰 문제입니다.

'잊힐 권리'는 인터넷 공간에서 유포되는 개인의 정보·게시물·콘텐츠 등을 삭제할 권리를 말합니다. 최근 국회에서 잊힐 권리를 보장하는 법안을 추진하고 있는데요. 인터넷상에서 무분별하게 개인 신상을 파헤치는 '신상 털기'가 심각한 사회 문제를 일으키면서 개인정보 보호를 강화해야 한다는 주장이 꾸준히 제기되었기 때문입니다. 하지만 '표현의 자유를 억압할 수 있다'는 반대 여론도 점차 커지고 있습니다. 과연 잊힐 권리는 법제화해야 할까요?

잊힐 권리란?

"우리의 과거는 디지털 피부에 문신처럼 아로새겨져 있다." 미국의 기업인 J.D 레시카가 1988년 한 인터넷 잡지에서 한 말입니다. 그만큼 우리 삶의 많은 흔적이 인터넷에 남아 있다는 뜻인데요. 이로 인해 전 세계적으로 '잊힐 권리'에 대한 논의가 활발히 이루어지고 있습니다.

잊힐 권리란 원하지 않는 자신의 정보가 인터넷상에 떠돌고 있을 때 이를 삭제해 달라고 요청할 수 있는 권리를 말합니다.

이 권리를 처음 주장한 사람은 스페인의 변호사 마리오 코스테하 곤잘레스입니다. 그는 2010년 구글을 상대로 자신의 사생활을 침해하는 기록을 삭제하거나 검색되지 않도록 해달라는 소송을 제기했습니다. 그러나 구글은 이를 받아들이지 않았고, 결국 유럽연합 최고 재판소로 넘어가게 됐습니다. 그 결과 2014년 5월 유럽사법재판소가 곤잘레스의 주장을 받아들여 잊힐 권리를 인정하는 판결을 내렸습니다.

이 논쟁을 계기로 개인의 잊힐 권리가 중요한 사회적 문제로 떠올랐지요. 유럽연합은 2012년 이 권리 보장 내용을 담은 개인정보보호법 개정안을 제안했고, 2016년에 최종 채택되어 2018년부터 시행되고 있습니다. 우리나라에서도 관련 법이 제정되면 디지털 정보의 삭제·관리와 연관된 일자리가 늘어날 전망입니다.

아동·청소년은 미취학 시기부터 영상 공유 플랫폼이나 커뮤니티, SNS를 중심으로 온라인 활동을 활발하게 합니다. 하지만 이에 반해 개인정보 노출 위험성에 대한 인식은 높지 않기 때문에 무심코 올린 게시물에 개인정보가 다수 포함된 경우가 많습니다.

SNS 이용자는 자신의 생년월일, 학교, 직업, 이메일 주소 등 개인정보는 물론이고, 먹고 마시고 생각하고 잠자는 소소한 일상생활까지 기록하고 공유합니다. 마치 남이 보는 일기장처럼 SNS에 세세한 내용을 다 기록하지요.

SNS에서는 이 모든 것이 '친구'는 물론, '친구의 친구'로 이어지는 네트워크를 통해 거의 무한대로 퍼지며 이는 사생활 노출에 대한 부담과 동시에, 사생활 엿보기 문제를 함께 가져옵니다. 실제로 페이스북과 트위터 등 SNS 사용자 절반 정도가 이름과 학력만으로 식별이 가능할 정도로 SNS에서의 개인정보 노출이 심각한 것으로 조사되었습니다. 대부분 그 정도는 공개

해도 괜찮은 가벼운 정보로 생각하기 때문이지요.

그러다 보니 현대 사회에서는 인터넷 검색 엔진을 통해 공개하고 싶지 않은 개인정보나 과거 기록이 노출되거나 개인정보를 이용한 디지털 범죄가 종종 발생하고 있습니다. 예를 들어, 개인정보를 도용하여 금융 사기나 해킹 등의 범죄 피해가 청소년 사이에서도 일어나고 있는 것입니다.

최근 심각해지고 있는 딥페이크 문제도 이의 한 예로 볼 수 있습니다. 역사적 인물의 모습을 재현하거나 가상 캐릭터를 만들어 교육 콘텐츠 제작에 활용하는 등 유용하게 활용한 사례도 있지만, 이를 악용하여 가짜 뉴스를 퍼뜨리거나 타인의 얼굴을 무단으로 도용하여 악용하는 사례가 늘면서 우려가 커지고 있습니다. 딥페이크 범죄의 경우 나도 모르게 피해자가 될 수 있어 사회 불안마저 조성합니다.

또한, 일부 기업이나 단체가 개인정보를 무단으로 수집하고, 이를 상업적으로 이용하는 경우도 있습니다. 이는 개인의 동의 없이 이루어지는 행위로, 개인의 사생활을 침해합니다.

잊힐 권리가 먼저일까, 알 권리가 먼저일까?

우리나라 정부는 2023년 4월 24일부터 온라인에 올린 게시물을 삭제하고 가릴 수 있는 '지우개 서비스'를 시작했습니다. 아동·청소년의 개인정보 통제권을 강화하기 위한 취지입니다. 만 30세 이하 국민이라면 개인정보 포털을 통해 누구나 신청할 수 있습니다. 다만, 미성년 시기인 19세 미만에 작성한 게시물의 경우에만 삭제를 위한 도움을 받을 수 있습니다. 미국 캘리포니아주도 비슷한 내용의 '온라인 지우개법'을 시행하고 있습니다.

잊힐 권리에 대한 입장은 나라마다 다릅니다. 1990년 독일 법원은 살인 사건으로 15년을 복역한 범죄자들이 출소 후 인터넷 백과사전에 남은 이전 기록을 지워 달라고 한 요구를 받아들였습니다. 반면 미국은 전반적으로 표현의 자유를 우선시하고 정보의 수집과 유통이 인터넷 발전을 가져온다는 인식이 강한 나라입니다. 이러한 태도는 온라인 플랫폼이나 검색 엔진에도 반영되고 있습니다.

잊힐 권리는 알 권리와 서로 상충하는 권리로 여겨질 수 있습니다. 알 권리는 국민이 정치적·사회적 현실에 대한 정보를 자유롭게 얻을 수 있는 권리를 말합니다. 이는 민주주의 사회에서 국민의 참여와 의견 형성을 위한 필수적인 요소이지요. 반면에 잊힐 권리는 개인이 자신의 정보에 대한 통제권을 가지고, 원치 않는 정보의 공개나 유통을 방지할 수 있는 권리를 말합니다.

이러한 두 권리는 목적과 가치가 서로 다르기 때문에 때로는 충돌할 수 있습니다. 예를 들어, 언론사가 개인의 정보를 공개한다면 이는 알 권리를 위해서일 수도 있지만, 그 정보가 개인의 사생활을 침해하거나 부정적인 영향을 미친다면 잊힐 권리와 충돌할 수 있습니다.

반대로 이미지 세탁을 원하는 국회의원처럼, 공인이 잊힐 권리를 이용해 인터넷에 남아 있는 과거의 잘못을 삭제하면 유권자의 알 권리가 침해받을 수 있습니다.

잊힐 권리와 알 권리는 모두 소중한 권리인 까닭에 디지털 사회가 발전할수록 관련 논쟁은 더욱 깊어질 수밖에 없습니다. 디지털 세상에서의 정보는 유통기한이 없고 삭제나 법적 보호가 쉽지 않습니다. 분명한 건 자신과 타인의 개인정보를 인터넷 공간에 올릴 때 더없이 신중해야 한다는 사실입니다.

잊힐 권리는 표현의 자유를 침해한다

잊힐 권리는 개인정보 보호와 프라이버시권을 보장하기 위한 것으로, 특히 과거의 정보로 인해 개인이 불이익을 받지 않도록 하는 것이 목적입니다. 그러나 잊힐 권리를 법제화하면 표현의 자유가 침해될 수 있습니다.

표현의 자유는 개인이 자유롭게 의견을 표현하고, 정보를 수집하고, 이를 공유할 수 있는 권리를 말합니다. 잊힐 권리가 법제화되면 개인이나 기관이 인터넷상에 게시된 특정 정보의 삭제나 접근 제한을 요청할 수 있게 됩니다. 이는 개인의 자유로운 의사 표현을 제한하고, 사회적으로 다양한 의견이 교류되는 것을 방해할 수 있습니다. 또 자신들에게 불리한 정보를 삭제함으로써 권력자들이 영향력을 강화할 가능성을 열어 줄 수도 있지요.

　이는 결과적으로 정보의 자유로운 흐름을 저해합니다. 정보의 자유로운 흐름은 사회적 발전과 민주주의의 발전에 매우 중요한 요소입니다.

✅ 개인정보 자기 결정권   자신에 관한 정보가 언제 누구에게 어느 범위까지 알려지고 또 이용되도록 할 것인지를 그 정보의 주체가 스스로 결정할 수 있는 권리이다. 즉 정보주체가 개인정보의 공개와 이용에 관하여 스스로 결정할 권리를 말한다.

✅ 잊힐 권리   정보 주체가 온라인상에서 자신과 관련된 모든 정보에 대한 삭제 및 확산 방지를 요구할 수 있는 자기 결정권 및 통제권리를 뜻한다. 이 권리는 포괄적으로 개인정보 기록의 보유에 관한 법적 규제를 의미하는 경우도 있고, 웹상에서 개인이 직접 남긴 정보를 제어하고 삭제할 수 있는 권리, 또는 기록이 저장되어 있는 영구적인 저장소로부터 특정한 기록을 삭제할 수 있는 권리의 의미로 해석되기도 한다.

✅ 지우개 서비스   '지켜야 할 우리의 개인정보' 약자로, 어릴 적 무심코 올린 개인정보가 포함된 온라인 게시물에 대해 개인정보위원회가 삭제, 블라인드 처리 등을 도와주는 서비스이다. 이를 통해 개인정보가 무단으로 공개되거나 악용되는 것을 방지하고, 개인정보 노출로 인한 위험을 최소화할 수 있다.

✅ **표현의 자유**   자기 생각과 의견을 공개적이고 자유롭게 이야기하고 나눌 수 있는 권리이다. 여론이 올바르게 형성되기 위해서는 표현의 자유를 보장하는 일이 가장 중요하다. 누구든지 자신의 의견을 자유롭게 표현할 때 올바른 여론이 형성될 수 있기 때문이다. 이를 위해 우리나라 헌법 제21조 1항에서는 '모든 국민은 언론·출판의 자유와 집회·결사의 자유를 가진다'고 규정하고 있다.

✅ **디지털 장의사**   온라인상에서의 디지털 흔적을 정리하고 삭제하는 역할을 하며, 개인정보 보호와 디지털 유산 관리를 담당한다. 이들은 개인이나 기업이 삭제를 원하는 게시글, 악성 댓글, 동영상, 사진 등을 삭제하거나 접근할 수 없도록 조치하는 일을 한다. 국내에는 2013년 처음 등장했으며, 디지털 성범죄 피해자부터 취업준비생, 예비 신혼부부, 악성 댓글 피해자 등 다양한 이들이 이 서비스를 이용한다.

"디지털 잊힐 권리를
법제화 해야 한다"

1. 신상 털기로 인한
사생활 침해가 심각하다

잊힐 권리의 보장은 시급합니다. 인터넷에서 개인에 대한 정보
가 다른 사람에게 쉽게 노출되는 환경에 놓여 있기 때문입니다.
특히 아동·청소년의 개인정보는 범죄에 악용될 수 있습니다.
최근 SNS를 이용한 신종 유괴 범죄가 등장했는데, 우리나라에
서도 한 범죄자가 SNS에서 확보한 정보를 활용해 9세 여아에

게 접근해 유괴했다가 미성년자 약취 유인 혐의로 구속된 사례가 있었습니다.

디지털 세계에서는 원본과 복사본의 차이가 무의미합니다. 흔히 말하듯 Ctrl+C, Ctrl+V만 하면 원본과 완벽하게 동일한 복사본을 무한대로 만들 수 있지요. 여기서 그치지 않고 복사본을 보유한 사람이 이를 다시 복사하면 원본과 동일한 복사물이 또 만들어집니다. 이런 식으로 인터넷상에서 정보는 기하급수적으로 퍼져 나갈 수 있습니다.

최근에는 간단한 인터넷 검색만으로도 개인에 대한 정보를 쉽게 얻을 수 있을 정도로 인터넷 공간에 각종 정보가 넘쳐납니다. 그런데 개인정보에 허위 사실이 더해져 확대·재생산되는 경우가 발생하기도 하고, 악의로 타인의 정보를 알아내 퍼뜨리는 이른바 신상 털기가 일어나기도 합니다. 이러한 문제는 심각한 사생활 침해로 이어질 수 있으며 그러한 일을 겪은 사람은 사회생활을 정상적으로 하기 어려울 수 있습니다.

2. 다른 사람이 내 정보를 함부로 수집하여
사용하는 것을 막을 수 있어야 한다

인터넷에는 망각의 기능이 없습니다. 인터넷의 거대한 저장 공간과 빠른 저장 속도는 개인으로 하여금 자신의 정보를 통제하지 못하게 만들었습니다. 이와 같은 상황은 정보 주체에게 예측하지 못한 과도한 피해로 이어졌고 인간의 존엄성이 침해되었습니다. 그러므로 잊힐 권리를 법제화하여 '개인정보 자기 결정권'을 보장해야 합니다.

2021년 한국청소년정책위원회의 '10대 청소년 미디어 이용 실태'에 따르면 10대 청소년 중 94.2%가 개인정보 유출 경험이 있다고 답했습니다.

최근 육아로그, 육아 인스타그램 등에 논란이 이는 이유는 아동의 사생활을 부모가 공개한다는 점 때문입니다. 자기 의사를 명확히 표현할 수 없는 상황에서 부모가 아이의 사진이나 영상을 공유하면 이는 아동의 개인정보 자기 결정권을 침해한 것으로 볼 수 있습니다.

국제아동권리 NGO인 세이브더칠드런의 발표에 의하면 아동이 12세가 됐을 때 평균 1,165장의 사진이 온라인에 게시된다고 합니다.

개인정보 자기 결정권은 개인 스스로가 자신에 관한 정보를 어느 범위까지 공개할 것인지, 공개한 정보가 어떻게 이용될 것인지를 결정할 수 있는 권리입니다. 이 권리는 우리가 기본적으로 보장받아야 하는 권리로, 알 권리나 표현의 자유만큼이나 중요합니다. 인터넷 이용자는 다른 사람이 자신에 대한 정보를 동의 없이 함부로 수집하여 사용하는 것을 막을 수 있어야 합니다.

이를 통해 개인은 자신에 대한 정보를 효과적으로 관리하고 제어함으로써 프라이버시와 명예를 보호할 수 있습니다.

3. 한순간의 실수로부터 벗어나는 기회를 제공한다

어린 시절 한순간의 재미와 실수로 혹은 제3자로 인해 노출된 게시물로 인해 성인이 되어서까지 고통을 호소하는 사람이 많습니다. 다행히 2023년 4월부터 지우개 서비스가 시행되었습니다. 지난 1년 동안 1만 7,148건이 접수됐고, 1만 6,518건이 삭제 처리됐습니다. 주로 중고등학생이 유튜브와 틱톡에 올린 영상 게시물을 삭제해 달라는 요청이 많았다고 합니다. 하지만 지우개 서비스는 대상 연령이 한정적이라서 모든 사람이 이용할 수 없고, 본인이 작성한 게시물만 삭제할 수 있다는 단점이 있습니다.

물론 현재 우리나라에는 개인정보보호법과 정보통신망 이용촉진 및 정보보호에 관한 법률(정보통신망법)이 있어 사생활 침해나 명예 훼손 등 개인의 권리가 침해된 경우에 인터넷 검색 서비스 사업자에게 해당 정보의 삭제를 요청할 수 있는 권리를 보장하고 있습니다. 그러나 그 정보로 인해 사생활이 침해되었거나 명예가 훼손되었다는 사실을 증명해야만 삭제를 요청할 수 있습니다. 즉 해당 정보 때문에 사생활 침해나 명예 훼손이 발생했다는 사실을 증명하지 못하면 삭제할 수가 없는 거지요.

개인정보보호법에 따라 개인이 자신의 정보를 삭제하고자 할 때, 소송이나 행정 절차를 통해 해결해야 하는 경우도 많습니다. 이는 과정이 복잡하고 시간과 비용이 많이 소요되며, 개

인이 실질적으로 권리를 행사하기 어렵게 만듭니다. 디지털 잊

힐 권리 법제화가 필요한 이유입니다.

"디지털 잊힐 권리
법제화는 신중해야 한다"

---

1. 표현의 자유를
침해할 수 있다

잊힐 권리를 법제화하면 개인의 사생활 보호는 강화되지만, 자
칫 표현의 자유를 침해할 우려가 있습니다. 표현의 자유는 생각
이나 의견, 주장을 자유롭게 표현할 수 있는 권리로, 민주주의
에서 반드시 필요한 기본권이라고 할 수 있습니다.

　예를 들어, 민수가 친구인 철수에 대해 평가하는 글을 자신

의 SNS에 올렸다고 가정해 봅시다. 잊힐 권리가 법제화되면 철수는 민수에게 해당 게시물을 삭제해 달라고 요구할 수 있습니다. 이 경우 민수는 표현의 자유가 침해되었다고 볼 수 있지요.

또한 국가 권력기관이 지배력 강화를 위해 명예훼손 등 여러 이유를 들어 정권에 비판적인 기사나 게시물의 삭제를 요구할 수 있습니다. 특히 개인 블로그나 SNS가 아닌 이미 기사화된 내용, 즉 언론 기사의 삭제를 요구할 경우에는 언론의 자유를 침해할 소지도 있습니다.

또 다른 경우를 살펴볼까요. 자신이 작성한 게시물을 타인이 볼 수 없도록 접근 배제를 요청했는데, 이 게시물에 이미 많은 댓글이 달리고 여론이 형성되어 있다고 해봅시다. 해당 게시물에 대한 접근배제 조치가 행해지는 경우, 게시물을 작성한 개인의 잊힐 권리는 지켜지겠지만, 댓글을 작성한 사용자의 '표현의 자유'와 해당 게시물에 대한 다른 사용자의 '알 권리'가 침해될 수 있습니다. 이러한 이유로, 잊힐 권리를 법제화할 때는 표현의 자유 등 여타 권리와의 균형을 고려해야 합니다.

2. 법의 적용 범위가
논란이 될 수 있다

같은 정보라도 서로 다른 해석을 할 수 있습니다. 어떤 이는 국가나 사회에 관계되는 공적 영역에 속하는 정보로 보고 삭제를 반대할 수 있고, 다른 이는 순수한 개인정보로 간주하여 잊힐 권리의 적용 대상이라고 판단할 수 있습니다. 예를 들어, 공무원처럼 공적인 일에 종사하는 사람이 누군가와 식사를 했다는 정보는 공적 정보일까요? 개인정보일까요? 판단하기 어려운 문제입니다. 어떤 정보는 공공의 이익을 위해 공개되어야 할 필요성이 있습니다. 이를테면, 공직자의 비리나 범죄 기록 등은 공공의 알 권리와 밀접한 관련이 있습니다. 따라서 잊힐 권리의 적용 범위를 설정할 때는 이러한 공적 성격의 정보를 어떻게 다룰 것인지에 대한 심도 있는 논의가 필요합니다.

개인정보의 정의도 국가마다 다릅니다. 이를테면 유럽연합이나 브라질 등은 신원 식별이 가능한 모든 정보를 개인정보로 정의하는 반면, 미국이나 스위스 등은 특정 기준을 충족해야만 개인정보로 인정합니다. 따라서 잊힐 권리를 법제화하려면 개인정보의 범위에 대한 명확한 기준 설정이 필요합니다. 또한 잊힐 권리의 적용 대상이 되는 정보의 기준도 모호할 수 있습니다. 정보가 개인의 명예를 훼손한다면 삭제해야겠지만, 단순히 오래되었거나 불리한 정보라면 처리 기준이 필요합니다.

이처럼 잊힐 권리의 법제화는 개인정보의 범위와 적용 대상에 대한 논란을 야기할 수 있으며, 이에 대한 명확한 기준 마련이 중요한 과제가 될 것입니다.

3. 잊힐 권리가
악용될 수 있다

특정 정보가 개인의 프라이버시를 침해한다고 해서 무조건적으로 삭제되어서는 안 됩니다. 예를 들어, 입후보한 정치인에 대해 알아보기 위해 그의 과거 행적을 인터넷에서 검색할 수 있습니다. 그런데 해당 정보가 삭제된다면, 국민은 후보자에 관한 충분한 정보를 얻기 어려워 그 사람의 공직 적합성을 판단하기 어려울 것입니다. 이처럼 공직자의 부정행위나 사회적 논란과 관련된 정보는 투명성 유지를 위해 공개되어야 할 필요가 있습니다.

잊힐 권리는 범죄자에게 과거 세탁의 기회를 제공하기도 합니다. 2019년 독일에서는 과거 살인 범죄자가 자신의 기사가 검색되지 않도록 해달라고 소송을 제기했는데 헌법재판소에서 원고의 손을 들어주는 일이 있었습니다. 최근 우리나라 역시 딥페이크 범죄 가해자들이 증거를 지우기 위해 디지털 장의사를 통해 인터넷 기록물을 삭제하고 있습니다. 이처럼 범죄자가 자신의 기록을 삭제하거나 숨길 수 있게 되면 범죄 예방 및 범죄자 처벌 목적에도 어긋나는 결과를 초래할 수 있습니다.

또한 역사적으로 중요한 사건이나 인물에 대한 정보가 삭제될 경우, 해당 사건이나 인물에 대한 이해가 왜곡될 위험이 있습니다. 이렇게 되면 후세대는 과거의 중요한 사실을 제대로 알지 못하고 불완전한 정보에 기반하여 판단할 수 있습니다.

사회자   **김법제**   이신중

 안녕하십니까. 저희 '인간 존엄성' 토론반에서는 '디지털 잊힐 권리를 법제화해야 할까?'를 주제로 이야기를 나누어 보려 합니다. 유럽연합은 2018년 5월 '일반 개인정보 보호법GDPR'을 시행했습니다. 이 법에는 개인이 자신에 관한 정보를 삭제하도록 요청할 권리가 포함되어 있는데, 이는 그동안 유럽을 중심으로 하여 많은 논란이 있었던 '잊힐 권리'가 한층 강화된 것입니다. 최근에는 우리나라에서도 잊힐 권리 법제화에 대한 논의가 활발하게 진행되고 있습니다.

이번 토론을 통해 디지털 잊힐 권리 법제화 논란에 대해 더 많은 관심을 갖게 되길 바랍니다. 오늘 참석해 주신 김법제 씨와 이신중 씨의 의견을 들어 보겠습니다. 김법제 씨가 먼저 발언해 주십시오.

요즘 온라인상에서 이뤄지는 개인정보 침해는 상당히 심각한 수준입니다. 특히 개인정보를 마구 파헤치는 신상 털기는 사회 문제로 떠오를 정도죠. 이제는 피해자가 더는 나오지 않도록 잊힐 권리가 보장받아야 할 때입니다.

개인정보 보호, 물론 중요합니다. 하지만 개인정보 보호만을 위해 이미 보장된 권리를 무시해도 될까요? 잊힐 권리가 법제화되면 반대로 기존 권리인 '표현의 자유'가 침해될 소지가 생깁니다. 누구에게나 정보나 사실을 기억하고 평가할 권리가 있는데, 이를 제한할 수 있다는 말입니다.

잊힐 권리를 법제화하려면 개인정보의 범위를 어떻게

설정할지에 대한 명확한 기준이 필요합니다. 사적 정보인지, 공적 정보인지 판단하기 어려운 경우가 많기 때문입니다. 기술적인 한계도 있습니다. 인터넷 공간에는 '경계'가 전혀 존재하지 않습니다. 온라인상에 하나의 정보가 생산되면 그 정보는 순식간에 퍼집니다. 그렇게 복제되고 재생산된 정보를 모두 지운다는 게 과연 가능할까요? 인터넷이 존재하는 한, 개인이 아무리 원해도 잊히려야 잊힐 수 없다는 얘깁니다. 결국엔 잊힐 권리가 도입된다고 해도 유명무실한 법으로 전락할 수밖에 없을 겁니다.

그 부분은 잊힐 권리가 법제화되면, 인터넷 포털 등과 협의하여 충분히 가이드라인을 정할 수 있다고 봅니다. 말씀하신 대로 그 정보를 완벽하게 지울 순 없다고 해도, 그로 인해 생기는 피해는 최소화할 수 있습니다. 현행 개인정보보호법과 정보통신망법으로는 잊힐 권리가 충분히 보장되지 못하기 때문에, 관련 법이 통과되어 자리를 잡으면 온라인상에서도 자연스럽게 개인정보 침해 행위를 삼가는 분위기가 형성될 가능성이 큽니다.

 잊힐 권리를 악용할 경우 우리가 겪을 피해도 적지 않습니다. 예를 들어, 정치인 선출 시 유권자는 후보자의 과거 행적을 검색하여 그들의 적합성을 평가합니다. 그러나 후보자에 대한 중요한 정보가 삭제된다면 국민은 그의 진정한 자질과 과거 행적을 제대로 판단하기 어려워질 것입니다. 또한, 범죄자가 부정적인 과거를 숨기거나 삭제하여 사회적 책임을 회피할 위험도 있습니다. 이러한 상황은 공공의 안전과 투명성을 저해하고, 사회 전반에 걸쳐 신뢰를 해칠 수 있습니다.

 그런 부작용도 있겠지만, 잊힐 권리를 법제화하면 개인의 사생활이 보호되고 개인정보의 안전한 이용이 보장됩니다. 개인이 자신의 정보 유통을 통제할 수 있고, 기업이나 기관의 무분별한 개인정보 수집과 사용을 제한할 수 있습니다. 불필요한 정보가 삭제되니 개인정보 유출 위험도 줄어듭니다. 무엇보다도 디지털 시대에 개인정보 자기 결정권이 보장된다는 것이 핵심입니다.

2023년 4월 지우개 서비스가 시행된 이후 1년 동안 1만 7,148건의 게시물 삭제 요청이 접수됐을 정도입니다. 그만큼 한순간에 실수로 올린 흑역사나 다른 사람이 올린 원치 않은 자료가 인터넷에 가득하다는 반증이겠지요. 여기서 벗어날 수 있는 기회를 제공해야 합니다.

네, 긴 시간 함께해 주신 두 분께 감사드립니다. 이제 마칠 시간이 되었는데, 두 분 마무리 발언 해주시죠.

현대 사회에서 개인정보가 쉽게 노출되는 환경을 고려할 때, 현행법만으로는 개인정보 자기 결정권을 충분히 보장하기 어렵습니다.

따라서 잊힐 권리를 법제화해 사생활 침해를 방지하고 개인정보 자기 결정권을 강화해야 합니다. 이는 디지털 시대에 개인의 프라이버시를 보호하고 정보 주체의 권리를 확립하는 데 필수적인 조치입니다.

잊힐 권리의 법제화는 표현의 자유와 알 권리 침해 등 여러 부작용을 초래할 수 있습니다. 따라서 성급한 법제화보다는, 인터넷 검색 서비스 기업들이 사회 통념을 고려한 정보 삭제 기준과 절차를 자체적으로 마련하여 시행하는 것이 바람직합니다. 잊힐 권리의 법제화는 신중한 접근이 필요하며, 개인의 권리 보호와 공공 이익의 균형을 고려한 충분한 사회적 논의가 선행되어야 합니다.

1. 책의 내용을 보며 다음 빈칸을 채워 보자.

- ( )는 정보 주체가 온라인상에서 자신과 관련된 모든 정보에 대한 삭제 및 확산 방지를 요구할 수 있는 자기결정권 및 통제권리를 뜻한다.

- ( )란 '지켜야 할 우리의 개인정보'의 약자로 어릴 적 무심코 올린 개인정보가 포함된 온라인 게시물에 대해 개인정보위원회가 삭제, 블라인드 처리 등을 도와주는 서비스이다.

- ( )는 자신의 생각과 의견을 공개적이고 자유롭게 이야기하고 나눌 수 있는 권리이다. 여론이 올바르게 형성되기 위해서는 이를 보장하는 일이 가장 중요하다.

- ( )는 인터넷에 남아 있는 개인 정보나 사진, 글 등을 지워주는 전문가이다. 인터넷에 한번 올라간 정보는 쉽게 사라지지 않아서 문제가 될 수 있기에 온라인에서 우리의 평판을 지켜 주는 중요한 일을 한다.

2. 토론 내용을 보고 찬성과 반대 입장의 주장과 그 근거를 간단히
   정리해 보자.

- 디지털 잊힐 권리, 법제화해야 할까?

- 찬성

- 반대

3. 디지털 잊힐 권리에 대한 나의 생각을 정리해 보자.

- 나는 디지털 잊힐 권리를
  한다고 생각한다.
  왜냐하면

4

학교폭력 가해자의
인권도
지켜 줘야 할까?

학교폭력 가해자의
인권도 지켜 줘야 한다

학교폭력 피해자의
인권이 우선되어야 한다

TV나 인터넷에서 학교폭력 가해자에 대한 뉴스를 접할 때, 여러분은 어떤 생각이 드나요? 피해자가 겪은 것과 같은 고통을 주고 싶다는 생각이 들지는 않나요?

하지만 현실에서는 그렇게 할 수가 없습니다. 서면 사과와 학급 교체 정도의 솜방망이 처벌에 그치거나, 사과는커녕 가해자가 자기 잘못이 아니라고 발뺌하는 경우도 흔합니다. 피해자가 억울한 마음에 인터넷에 가해자에 대한 신상을 올릴 경우 오히려 처벌을 받을 수도 있습니다.

더욱이 학교폭력 가해자가 잘 살고 있다는 소식을 들으면 분노가 치밀어 오르기도 합니다. 이로 인해 일부에

서는 '학교폭력 가해자에게만 인권이 있고, 피해자에게
는 인권이 없나?'라고 따지거나, '피해자들에게 엄청난
고통을 준 가해자들이 잘 먹고 잘 산다는 게 말이 되는
가?'라며 분통을 터뜨리기도 합니다.

정말로 이런 학교폭력 가해자의 인권까지 지켜 줘야 할
필요가 있는 걸까요?

학교폭력은 학교 안에서만 발생하지 않는다

 학교폭력이란 학교 내외에서 학생을 대상으로 발생하는 다양한 형태의 폭력을 말합니다. 우리가 흔히 알고 있는 상해, 폭행은 물론, 협박이나 유인, 모욕처럼 신체적·정신적·금전적 피해를 수반하는 모든 행위를 포함합니다.

 '학교'와 '폭력'이라는 단어의 조합으로 인해 흔히 학교에서 발생한 사안만을 학교폭력이라고 오해할 수 있습니다. 그러나 학교 내부는 물론 학원, 놀이터, 온라인, 교회 등 장소와 시간에 관계없이 발생하는 모든 폭력이 학교폭력으로 인정될 수 있습니다. 최근 주로 나타나는 학교폭력 유형은 다음 세 가지로 구분됩니다.

첫째, 따돌림입니다. 고의적으로 특정 학생을 따돌리는 행위, 친구 관계에서 무시하는 행위, 다른 친구와 어울리지 못하게 하는 행위, 주변 친구들의 도움을 방해하는 행위, 소지품을 감추거나 버리는 행위 등이 따돌림에 해당합니다.

둘째, 언어폭력입니다. 말로 위협하거나 협박하는 행위, 욕설 및 험담, 조롱 또는 비웃는 행위, 모욕을 주는 행위, 본인이 싫어하는 별명으로 놀리는 행위, 나쁜 소문을 퍼뜨리는 행위, 약점을 들춰서 괴롭히는 행위 등이 언어폭력에 포함됩니다.

셋째, 사이버폭력입니다. 각종 홈페이지 게시판, 인터넷 사이트, 이메일, 휴대전화 등을 통해 특정인을 비방하고 험담하는 행위와 안티 카페를 만들어 험담하는 행위, 휴대전화 단톡방 등에서 허위 사실 및 수치심을 주는 사진이나 동영상을 타인에게 유포하는 행위 모두가 사이버폭력에 해당합니다.

스마트폰이나 컴퓨터 등을 이용한 사이버 공간에서의 괴롭힘은 온라인상에서 확대되고 재생산되어 공유됨에 따라 피해가 나날이 심각해지고 있습니다.

방송통신위원회와 한국지능정보사회진흥원이 실시한 '2023년 사이버폭력 실태조사'의 결과에 따르면, 청소년 열 명 중 네 명이 사이버폭력 가해 또는 피해 경험이 있는 것(40.8%)으로 나타났습니다. 가해 동기는 상대방에게 보복하기 위해서가 38.6%로 가장 높았고, 그 뒤를 이어 상대방이 싫어서, 재미나 장난을 위해, 스트레스 해소를 위해서라는 답변이 뒤따랐습니다.

가장 우려되는 문제는 사이버 학교폭력은 시간이나 공간에 따른 제약을 거의 받지 않기 때문에 하루 24시간 중 언제 어디에서나 발생할 수 있고, 빠르게 퍼져 어디까지 유포됐는지 확인하기 어렵다는 점입니다. 더욱이 사이버 공간이 주는 익명성과 은밀함은 폭력을 부추기고, 가해자를 특징 짓기 어렵게 만들지요.

　많은 경우, 가해자들은 행동의 심각성을 깨닫지 못하곤 합니다. 그러나 이러한 행동이 피해자에게는 깊은 정신적 상처와 장기적인 트라우마를 유발할 수 있습니다.

학교폭력 피해자가 가해자가 되기 않기 위해

학교폭력은 주로 학생 간 갑을 관계가 형성된 후 발생하며, 장난으로 시작된 행동이 점차 심각해져 폭력으로 이어지곤 합니다. 이 과정에서 주목해야 할 점은 피해 학생이 나중에 가해자가 될 수 있다는 것입니다. 특히, 가해자에 대한 처벌이 미흡할 경우, 피해 학생의 억울함이 해소되지 않아 또 다른 폭력으로 이어질 수 있습니다. 학교폭력 사건 처리 과정은 학교의 사안조사부터 시작하여 교육지원청 학폭위의 징계 결정으로 이어집니다. 징계는 서면 사과부터 퇴학까지 다양하지만, 대부분 출석 정지나 교내 봉사 수준에 그치는 경우가 많습니다.

전문가들은 가해 정도에 따른 엄격한 처벌 기준 적용이 필요하다고 강조합니다. 미국의 경우 학교폭력에 대해 '무관용 원칙'을 기반으로 처벌합니다. 사소한 말썽이나 폭력을 벌이면 정학, 퇴학으로 강하게 엄벌하고, 집단 따돌림을 주도한 경우에는 그 학생의 부모에게 책임을 묻는 주州도 있습니다. 일부 주에서는 90일 이내로 아이가 개선되지 않으면 366달러의 벌금을 내야 하지요. 프랑스의 경우에는 피해자가 학교폭력의 피해로 인해 최대 8일까지 결석해야 하는 경우 가해자는 4만 5,000유로의 벌금을 내야 합니다. 피해자가 이보다 더 오래 결석하거나 극단적 선택을 시도하는 경우에는 최대 징역 10년, 최대 15만 유로의 벌금형까지도 내릴 수 있습니다.

강력한 처벌만이 능사는 아니지만, 학교폭력 가해자 처벌은 여러 측면에서 중요합니다. 우선, 가해자를 처벌한다는 것은 피해자의 권리를 보호하고, 그들의 고통을 사회적으로 인정한다는 의미니까요. 또한, 처벌을 통해 법의 권위를 유지하고, 모든 학생이 법을 준수해야 한다는 메시지를 구성원에게 전달합니다. 가해자 처벌은 다른 학생들에게 경각심을 주어 잠재적인 폭력 행위를 예방하는 효과도 있습니다.

적절한 처벌은 가해자가 자기 행동의 결과를 인식하고 반성하는 기회를 제공하며, 이는 폭력이 근절된 학교 환경 조성에 기여합니다. 그러나 처벌은 단순한 징계를 넘어 교육적 측면을 포함해야 합니다. 가해자에게 폭력의 결과를 교육하고, 사회의 일원으로서 책임을 다하도록 유도하는 기회를 제공해야 합니다.

학교폭력 가해 기록, 인과응보일까? 사회적 낙인일까?

안타까운 현실이지만, 학교폭력에 시달린 아이들이 학교나 부모, 상담 기관에 도움을 청해도 제대로 해결되는 경우는 많지 않습니다. 설상가상으로 가해자는 명문대에 진학하는데 피해자는 정신과 치료를 받는 등 후유증에 시달려 사회적 공분이 일어나기도 합니다.

이러한 부당함을 방지하기 위해 2024년 3월부터 학교생활기록부에 기재된 학교폭력 가해 기록이 졸업 후 4년간 보존됩니다. 2026학년도부터는 대입에도 학폭 관련 기록이 의무적으로 반영되기 때문에 입시에서 불이익을 받을 수 있습니다. 이 같은 조치는 진학 및 졸업 이후에도 불이익을 받을 수 있다는 경각심을 심어 주어 학교폭력을 예방하려는 의도입니다.

피해자의 구제와 응보적 정의(가해자에게 그에 상응하는 처벌을 내림으로써 정의를 실현하는 방식) 실현이라는 점에서 긍정적으로 바라보는 사람이 많습니다. 학생부 기록 반영을 통해 학생들이 자신의 행동에 대해 책임을 느끼고, 미래를 계획할 때 윤리적 가치를 고려하도록 유도할 수 있다는 것이죠.

하지만 회복적 정의(처벌이 아닌 피해를 회복하고 깨진 관계를 회복하는 데 초점을 맞추는 정의 실현 방식) 입장에서는 이것이 큰 효과를 거둘 수 있을지 미지수입니다. 특히 학교폭력 가해자에게 사회적 낙인을 찍으면, 그들은 부정적 자아 인식을 갖게 됩니다. 고립감과 무력감을 느끼게 되며, 이러한 감정은 종종 불만과 분노로 이어집니다. 이런 부정적인 정서가 쌓이면, 가해자는 폭력적 행동으로 되돌아가게 됩니다.

사회적 낙인은 가해자의 대인관계에도 부정적인 영향을 미칩니다. 친구, 가족, 심지어 교사까지도 거리를 두게 되고, 이는 가해자의 사회적 지지 기반을 무너뜨립니다. 결국 정서적 안정성이 떨어지고, 대인관계의 단절로 고립감이 점점 커집니다.

사회가 그들을 부정적으로 평가하면 가해자는 상담이나 치료 같은 지원 요청마저 두려워하게 됩니다. 사회적 지원의 부족은 가해자가 자신의 행동을 반성하고 개선할 기회를 막아 버립니다.

학교폭력 가해자의 인권 보장, 관용이 아닌 기회의 제공

2022년 6월 가해 학생에게 내려진 왕복 세 시간이나 걸리는 원거리 학교로의 전학 명령은 인권 침해라는 국가위원회의 판단이 있었습니다. 피해 학생과 가해 학생의 분리 조치는 필요하지만, 재배정된 학교가 너무 멀어 성장기 학생의 건강권과 학습권이 침해될 우려가 있다는 것이지요.

인권은 모든 개인이 존중받아야 할 기본적인 권리입니다. 학교폭력 가해자 역시 인간으로서의 존엄성을 지니고 있으며, 그들의 인권을 보장하는 것은 인간의 본질을 인정하는 것입니다. 가해자의 인권이 존중되는 환경에서는 두려움 없이 자신의 감정과 행동을 반성할 수 있는 기회를 얻습니다. 반면, 비난과 처벌에 대한 두려움은 가해자로 하여금 자기 행동에 대한 반성을 회피하게 만들 수 있습니다. 피해자와 가해자 간의 대화와 상처 치유를 강조하는 회복적 정의의 관점에서도 가해자의 인권 존중은 필요합니다. 가해자의 인권을 보장하고 반성의 기회를 제공하는 것은 학교 전체의 분위기를 긍정적으로 변화시키는 데도 기여할 것입니다.

우리는 누구나 완벽하지 않으며, 때로는 의도치 않게 타인에게 해를 끼칠 수 있습니다. 우리가 지금까지 살아올 수 있었던 것은 우리의 실수와 잘못된 행동이 타인에 의해 용서되고 포용되었기 때문입니다. 만약 우리가 저지른 모든 실수와 잘못을 똑같이 되돌려받거나 그보다 더 크게 응징받았다면, 우리 삶은 어떠했을까요?

따라서 학교폭력 가해자의 인권 보장은 단순한 관용이 아니라, 그들에게 진정한 반성과 변화의 기회를 제공하는 중요한 과정입니다. 학교폭력 문제를 근본적으로 해결하기 위해서는 가해자에 대한 포괄적이고 인도적인 접근이 필요하며, 이를 위해 가해자의 인권 보장은 필수적입니다. 이로써 우리는 더 나은 사회, 더 나은 학교를 만들어갈 수 있을 것입니다.

주제 관련 핵심 용어 정리

✅ **학교폭력예방 및 대책에 관한 법률(학교폭력예방법)** 이 법은 학교폭력 대책의 일환으로 2004년에 제정되었으며, 2008년 전부개정을 거쳐 현재까지 시행되고 있다. 이 법에 따르면 피해자는 학내외 전문가에게 심리상담이나 조언을 받을 수 있고, 일시보호, 치료, 치료를 위한 요양, 학급교체, 그 밖에 피해 학생의 보호를 위하여 필요한 조치를 받을 수 있다.

✅ **학교폭력대책심의위원회(학폭위)** 학교폭력의 예방 및 대책에 관련된 사항을 심의하기 위한 기구로, 학생들 간에 발생한 학교폭력에 대해 심의하고 가해 학생에게 필요한 처분을, 피해 학생에게는 보호조치를 내린다.

✅ **사이버 학교폭력** 인터넷, 스마트폰, 소셜미디어 등 디지털 기기와 온라인 플랫폼을 통해 이루어지는 학교폭력을 말한다. 사이버 공간의 특성상 24시간 지속될 수 있고, 빠르게 확산되며, 익명성을 악용하기 쉽다는 점에서 더욱 위험하기 때문에 신속한 대응과 예방이 중요하다.

✅ **사회적 낙인** 사회적 낙인은 개인이 특정한 행동이나 특성으로 인해 사회로부터 부정적인 평가를 받거나 배제되는 현상을 말한다. 이러

한 낙인은 가해자의 심리적·사회적 상태에 심각한 악영향을 미치며, 재범의 가능성을 높이는 주요 요인으로 작용한다.

"학교폭력 가해자의 인권도 지켜 줘야 한다"

1. 인권은 인간의 기본적인 권리이다

모든 인간은 기본적인 인권을 가지고 있으며, 이는 가해자에게도 적용됩니다. 학교폭력 가해자라고 해서 그들의 인권을 무시하거나 침해하는 것은 인권 침해이며, 법적으로 처벌받을 수 있습니다. 이는 국제인권규약 및 헌법 등에서도 명시되어 있습니다.

가해자 인권 보장은 피해자의 인권 보호에도 효과적입니다. 가해자의 인권을 보호하지 않으면, 가해자가 복수심을 품고 또 다른 범죄를 저지를 수 있으며, 이는 피해자의 인권을 더욱 침해하는 결과를 초래합니다. 법적으로도 가해자의 인권 보호는 의무입니다. 대한민국 헌법 제10조는 모든 국민의 인권을 보호하고 존중할 것을 명시하고 있으며, 학교폭력예방 및 대책에 관한 법률에서도 가해자의 선도와 교육을 강조하고 있습니다.

2. 가해자가 변화할 수 있는 기회를 제공한다

가해자의 인권을 보장함으로써 그들이 자신의 행동을 반성하고 개선할 기회를 제공할 수 있습니다. 인권을 존중받는 상황에서는 가해자가 상담 및 교육 프로그램에 참여할 가능성이 높아지고, 이는 그들의 행동 개선으로 이어질 수 있습니다. 이를 통해 가해자는 피해자의 경험을 이해하고 공감할 수 있는 기회를 갖게 됩니다.

또한, 가해자의 인권이 존중될 때 피해자와 가해자 간의 갈등 해결이 더욱 원활해집니다. 가해자가 반성하고 변화하는 모습을 보일 때, 피해자의 상처도 치유될 가능성이 커집니다. 이로써 갈등을 해결할 수 있는 건전한 대화와 소통의 기반을 마련할 수 있지요.

가해자의 인권을 보장하는 것은 인간의 존엄성과 가치를 존중하는 것이며, 이는 사회 전체의 인권 수준을 높이는 데에도 기여할 수 있습니다. 학교폭력은 개인의 문제가 아닌 사회적 문제이므로, 가해자의 인권을 보호하고 그들의 재활과 사회 복귀를 돕는 것은 사회 전체의 안전과 평화를 유지하는 데 도움이 됩니다. 따라서 가해자의 인권 보장을 통해 그들이 다시 사회에 적응할 수 있도록 도울 필요가 있습니다.

3. 가해자에 대한 사회적 낙인을 줄여야 한다

가해 학생 역시 처음부터 가해자가 아니었으며, 의도치 않게 학교폭력의 가해자가 되는 경우도 있습니다. 학교폭력은 가해자에게도 엄청난 고통을 줍니다. 가해자 그룹에 속한 경우, 반성과 후회로 탈퇴하려 해도 보복폭행과 배신자라는 낙인이 두려워 그러지 못하는 경우가 많습니다.

초중고교 학교생활기록부에 기재되는 학교폭력 기록의 보존기간이 졸업 후 2년에서 졸업 후 4년으로 늘어났습니다. 2026년부터는 모든 대학 및 전형에서 학폭 이력이 있으면 불이익을 받게 됩니다. 성균관대와 서강대는 학폭 2호부터 0점 처리를 하고 고려대는 체육교육과 특기자전형에서 학폭 조치사항이 있는 수험생은 1단계 평가에서 부적격 처리를 하는 등 사실상 입시에 제한을 받게 되었습니다.

학교폭력 가해자에 대한 이러한 사회적 낙인은 가해자의 심리적·정서적 문제를 야기할 수 있습니다. 이는 가해자가 자신의 행동을 반성하고 개선하기 어렵게 만들며, 재범의 위험성을 높일 수 있습니다. 또한, 사회적 낙인으로 인해 가해자가 사회적으로 고립되고 취업 등의 기회를 제한받을 수 있지요. 지속적인 낙인은 그들의 행동을 개선하기보다는 오히려 더 나쁜 방향으로 이끌 수 있습니다.

가해자에게 부여된 낙인이 크면 피해자와의 관계도 악화됩니다. 피해자는 가해자가 사회에서 격리되기를 바라지만, 이는 갈등 해결에 도움이 되지 않습니다. 오히려 변화할 수 있는 기회를 박탈당함으로써 보복심만 커질 수 있습니다. 사회적 낙인이 줄어들면, 가해자와 주변 사람들이 그들의 문제를 공개적으로 논의하고 해결책을 모색할 수 있는 환경이 만들어집니다. 이는 가해자와 피해자 간의 소통을 촉진해 서로의 이해를 높이며, 학교폭력을 예방하는 데에도 기여할 것입니다.

"학교폭력 피해자의
인권이 우선되어야 한다"

1. 피해자 인권이
먼저다

학교폭력 피해자 열 명 중 네 명이 자살이나 자해 충동을 경험한다고 합니다. 2024년 7월 학교폭력 예방 전문기관 푸른나무재단이 전국 학교폭력·사이버폭력 실태를 조사한 결과, 피해학생의 64.1%가 고통스럽다고 응답했으며, 이로 인한 자살 충동 경험률이 2021년 26.8%, 2022년 38.38%, 2023년 39.9%로 꾸준히 증가했습니다.

이처럼 물리적 폭력이든 정신적 폭력이든 그 후유증은 오랫동안 피해자를 따라다닙니다. 피해자에게는 가해 학생에 대한 분노와 무력감, 공허함과 외로움, 우울감 등이 생겨나고 자아존중감이 낮아집니다. 부정적 감정을 잊으려고 게임 중독, 음주 등에 빠지거나 문제가 심각한 경우에는 극단적인 선택을 하기도 합니다.

학폭 피해를 해결해 나가는 과정도 순탄치 않습니다. 푸른나무재단이 학부모를 대상으로 인식조사를 한 결과 피해 학생 보호자의 40.6%가 '가해 학생 측으로부터 쌍방 신고를 당했다'고 답변했습니다. 학교폭력은 피해자에게 큰 상처를 주며 당사자뿐 아니라 가족의 일상까지 무너뜨리는 등 지대한 영향을 미칩니다. 따라서 피해자의 인권과 안전이 최우선되어야 합니다.

가해자의 인권을 강조하는 과정에서는 피해자의 목소리가 소외되거나 무시될 수 있습니다. 따라서 가해자의 인권을 보장하는 것보다 피해자의 인권을 보호하고 그들의 상처를 치유하는 것이 먼저입니다.

2. 학교폭력 가해자에 대한
처벌이 너무 약하다

정부가 여러 차례 대책을 내놓았지만, 학교 현장에서 폭력은 여전히 사라지지 않고 있습니다. 학교폭력을 막으려면 단호한 대처가 필요합니다. 솜방망이 처벌로는 근본적인 해결이 불가능합니다. 학교폭력에 대해 제대로 된 징계가 이뤄지지 않는다는 비난 여론이 여전히 높습니다. 가벼운 처벌뿐 아니라 학교 측의 소극적 대응도 문제입니다.

프랑스에서는 2021년 학교폭력을 범죄로 처벌하는 법안이 통과됐습니다. 그리하여 피해자가 최대 8일까지 결석해야 하는 경우 가해자는 4만 5,000유로의 벌금을 내게 됩니다. 만약 피해자의 결석이 길어지거나 극단적 선택을 시도하는 경우에는 최대 징역 10년, 15만 유로의 벌금형을 받을 수 있습니다. 심지어 미국은 학생뿐 아니라 부모에게도 책임을 물어 더욱 엄격하게 처벌합니다.

이에 비해 우리나라는 가해자 중심의 처벌이라는 비판을 받고 있습니다. 어렵게 학폭 신고를 해도 돌아오는 건 지극히 가벼운 처벌뿐입니다. 푸른나무재단이 2021년 발표한 학교폭력·사이버폭력 실태조사 결과를 보면, 피해를 겪은 아이의 18.8%는 학교폭력 신고 이후에도 아무런 변화가 없었다고 답했으며, 가해 학생의 21.5%는 아무런 조치도 받지 않았다고 응답했습니다.

피해자는 이 과정에서 이중으로 고통을 호소합니다. 사회에 대한 신뢰를 잃고, 아무도 자신을 지켜 줄 수 없다는 불안감에 휩싸여 정신적 트라우마를 경험합니다.

학교는 학생들이 성장하고 배우는 공간입니다. 가해자가 자신의 행동에 대한 적절한 처벌을 받지 않고 교훈을 얻지 못한다면, 사회에 나가서도 비슷한 행동을 반복할 가능성이 높습니다. 따라서 학교폭력 가해자에 대한 엄중한 처벌이 적절히 이루어져야만 사회 정의가 유지될 수 있습니다.

3. 정의와 공정을 바로 잡음으로써
학교폭력을 예방할 수 있다

학교는 학생들이 안전하게 학습하고 성장할 수 있는 장소여야 합니다. 피해자의 인권을 보호함으로써 사회는 '학교폭력은 결코 용납되지 않는다'는 명확한 입장을 보여 줘야 합니다. 이러한 메시지는 가해자에게는 경각심을 주고, 학생들 사이에서 폭력의 부당성에 대한 인식을 높이는 효과가 있습니다.

피해를 입은 학생은 자신에게서 폭력의 이유를 찾으려는 경향이 있습니다. 뭔가 자신이 빌미를 줬다고 생각하는 것이지요. 하지만 어떤 이유에서든 폭력은 정당화될 수 없습니다. 가해자 측이 별일 아니고 장난이었다고 말하면서 오히려 피해자가 과민하다면서 화살을 돌리면 어떻게 될까요? 정의와 공정은 저 멀리 달아나 버릴 것입니다. 이러한 분위기가 그대로 굳어지면 우리 사회가 불공정하다는 인식만이 깊게 남을 것입니다.

피해자의 인권을 존중해 줄 때 학교와 사회는 단순한 학습 공간을 넘어 인권과 윤리를 배우는 장소로 거듭납니다. 이로써 학생들은 타인의 권리를 존중하고 공감하는 능력을 기를 수 있습니다. 이러한 교육은 학생들이 미래의 책임 있는 사회 구성원으로 성장하는 데 큰 도움이 됩니다.

더불어, 학교폭력 피해자의 인권을 보호하고 지원하는 것은 더 넓은 사회적 변화로 이어질 수 있습니다. 이는 폭력에 대한 인식 변화를 촉진하고, 사회 전체가 안전하고 서로를 존중하는 공간이 되어야 한다는 메시지를 전파하게 됩니다. 장기적으로 이러한 노력은 폭력을 예방하는 건강한 문화 형성에 크게 기여할 것입니다.

본격 토론을 해봅시다

사회자   김가해   이피해

 안녕하십니까. 오늘 '인간 존엄성' 토론반에서는 '학교폭력 가해자의 인권도 지켜 줘야 할까?'를 주제로 이야기를 나누어 보려 합니다. 과거 학창시절 저지른 학폭이 발각되어 방송 활동을 더 이어가지 못하는 연예인을 자주 봤을 겁니다. 그만큼 학교폭력은 단순히 장난으로 치부할 수 없고, 용인될 수 없는 심각한 사회적 문제입니다.

교육부가 발표한 2023년 1차 학교폭력 실태조사 결과에 따르면 초등학교, 중학교, 고등학교 순으로 전년 대비 학교폭력이 증가했습니다. 정부는 2024년부터 중대한 학교폭력 가해 기록을 졸업 후 4년 동안 학교생활기록부에 기재하기로 했는데요. 이로 인해 가해자와 피해자의 인권 대립 시 어느 쪽을 보장해야 하는지에 대한 논란도 확산되고 있습니다.

오늘 참석해 주신 김가해 씨와 이피해 씨의 의견을 들어보겠습니다. 김가해 씨부터 발언해 주십시오.

모든 인간은 인권을 보장받아야 합니다. 학교폭력으로 다른 사람의 인권을 침해했다 해도 마찬가지입니다. '사람의 탈을 쓴 짐승'이라는 말도 있지만 아무리 나쁜 학교폭력을 저질렀어도 사람은 사람입니다. 물론 나쁜 행동에 대한 벌은 받아야겠죠. 하지만 그것과는 별개로 기본적으로 누려야 할 권리는 보장돼야 합니다. 만약 그들이 저지른 행동을 근거로 인권을 보장하지 않는다면, 인권은 모든 사람이 누리는 권리가 아니라 특정한 사람만이 누리는 권리가 될 것입니다.

학교폭력을 당한 사람은 큰 트라우마에 갇혀 제대로 성장하기 힘든 경우도 많습니다. 심한 경우, 자살이나 자해 충동을 경험하기도 합니다. 푸른나무재단의 조사 결과에 따르면 학교폭력의 피해자가 자살 충동을 경험한 비율이 2021년 26.8%, 2022년 38.38%, 2023년 39.9%로 꾸준히 증가했습니다. 이처럼 피해자가 크나큰 고통을 받는데도 가해자에게 합당한 처벌이 내려지지 않는다면 어떻게 그것을 정의롭다고 할 수 있을까요? 학교폭력 가해자를 제대로 처벌하는 것은 피해자의 권리 보호, 폭력 예방, 건강한 학교 환경 조성 등 다양한 측면에서 매우 중요합니다. 이러한 처벌이 공정하게 이루어질 때, 모든 학생이 안전하고 존중받는 학교가 만들어질 것입니다. 학교폭력 문제를 해결하려면 솜방망이 처벌로는 부족합니다. 강력하고 일관된 처벌이 필요합니다.

 적절한 조치는 물론 필요합니다. 하지만 강력한 처벌로 인해 학교폭력 가해자라는 사회적 낙인이 찍히면 여러 문제가 생길 수 있습니다. 실수로 학폭을 저질렀다가 가해자 그룹에서 벗어나지 못하는 경우라면 어떨까요? 이때는 가해자도 엄청난 고통을 겪습니다. 처벌 또한 결코 약하지 않습니다. 앞서 사회자 분의 말씀처럼 초중고교 학교생활기록부에 기재되는 학교폭력 기록이 졸업 후 2년간 유지되는 것에서 4년으로 늘어났습니다. 2026년부터는 모든 대학 및 전형에서 학폭 이력이 있으면 불이익을 받습니다. 앞으로의 인생에 큰 지장을 초래한다는 점에서, 일종의 사회적 낙인이라고 할 수 있습니다. 가해자에게 가해지는 사회적 낙인은 그들의 심리 상태, 대인관계, 회복적 기회의 상실 등 다양한 측면에서 재범의 가능성을 높이는 주요 요인으로 작용합니다. 무조건 처벌을 하기보다는 가해자에게 긍정적인 사회적 지원과 변화를 위한 기회를 제공하는 것이 중요합니다.

가해자가 뻔뻔하게도 가해 행동을 장난 정도로 치부하고 오히려 피해자에게서 잘못을 찾는다면 어떨까요? 괴롭힘을 당한 피해자는 심리적으로 위축되어 가해자의 말대로 자신이 빌미를 제공해서 이런 일이 생겼다고 여기기 쉽습니다. 전형적인 가스라이팅입니다. 가해자의 인권 보장이 지나치게 강조되면 이런 일이 더욱 빈번해질 것입니다.

또한 프랑스와 미국은 학교폭력을 범죄로 엄격히 처벌하며, 가해자와 그 부모에게까지 강한 책임을 묻고 있습니다. 반면, 한국은 가벼운 처벌로 피해자의 고통을 해결하지 못해 비판받고 있으며, 많은 피해자들이 신고 후에도 아무 변화가 없다고 느낍니다.

이 같은 상황은 학생에게 잘못된 메시지를 주어 학교폭력이 용인되는 환경을 조성할 위험이 있습니다. 가해자가 자신의 인권을 주장하며 피해자에게 사과하지 않거나 적절한 처벌을 받지 않는다면, 이는 피해자에게 또 다른 상처가 될 수 있으며 사회적 정의를 훼손할 수 있습니다.

가해자 역시 청소년이라는 것을 생각하면 처벌만을 강조하기 어렵습니다. 한순간의 실수가 인생 전체에 영향을 미친다면 너무 가혹합니다. 가해자의 인권을 존중하면, 그들은 재사회화되고 더 나은 선택을 할 수 있는 기회를 얻을 수 있습니다. 이는 인간의 존엄성과 가치를 존중하는 것으로, 사회 전체의 인권 수준을 높이는 데 기여합니다. 학교폭력은 개인의 문제가 아닌 사회적 문제이므로, 가해자의 재활과 사회 복귀를 지원하는 것은 사회의 안전과 평화를 유지하는 데 중요한 역할을 합니다. 따라서 가해자의 인권 보장은 그들이 다시 사회에 적응할 수 있도록 돕는 데 필수적입니다.

가해자의 입장보다는 피해자의 입장을 먼저 헤아려야 합니다. 피해자의 인권을 보장하려면 가해자의 인권 제한은 불가피하지요. 학교폭력 가해자의 징계 사실을 학생부에 기재하는 사안은 인권 침해냐 아니냐가 아니라 학교폭력 예방에 효과가 있는가, 과연 올바른 방법인가하는 관점에서 논의되어야 합니다. 죽음 혹은 죽음보다 더한 공포와 고통을 겪은 학교폭력 피해자의 마음에 조금이라도 공감한다면 가해자의 인권 운운하기는 어려운 일입니다.

네, 긴 시간 함께해 주신 두 분께 감사드립니다. 이제 마칠 시간이 되었는데, 두 분 마무리 발언 해주시죠.

다른 사람의 인권을 침해하지 않는 것은 사람이라면 반드시 지켜야 할 약속입니다. 하지만 가해자가 학교폭력으로 이를 어겼다고 해서 인권을 빼앗을 수는 없습니다. 인권은 사람이기 때문에 누리는 고유한 권리이기 때문입니다.

학교폭력 피해자의 인권을 보장하는 것은 단순히 피해자를 보호하는 것을 넘어, 폭력에 대한 무관용, 피해자의 목소리 존중, 공정한 정의 구현, 교육적 가치 강화 등 다양한 긍정적인 메시지를 사회 전반에 전달합니다. 이러한 메시지는 학교와 사회가 안전하고 포용적인 환경으로 나아가는 데 중요한 역할을 합니다.

1. 책의 내용을 보며 다음 빈칸을 채워 보자.

- (   )은 학교폭력 대책의 일환으로, 2004년 제정된 이후 2008년 전부개정을 거쳐 현재까지 시행되고 있는 법률이다. 줄여서 학교폭력예방법이라고 부른다.

- (   )는 학교폭력의 예방 및 대책에 관련된 사항을 심의하기 위한 기구로, 학생들 간에 발생한 학교폭력에 대해 심의하고 가해 학생에게는 필요한 처분을, 피해 학생에게는 보호 조치를 내린다.

- 인터넷, 스마트폰, 소셜미디어 등 디지털 기기와 온라인 플랫폼을 통해 이루어지는 학교폭력을 (   )라고 부른다. 쉬지 않고 지속되고, 빠르게 확산되며, 익명성을 악용하기 쉬운 공간의 특성상 신속한 대응과 예방이 중요하다.

- (   )은 개인이 특정한 행동이나 특성으로 인해 사회로부터 부정적인 평가를 받거나 배제되는 현상을 말한다. 이러한 낙인은 가해자의 심리적·사회적 상태에 심각한 악영향을 미치며, 재범의 가능성을 높이는 주요 요인으로 작용한다.

2. 토론 내용을 보고 찬성과 반대 입장의 주장과 그 근거를 간단히 정리해 보자.

- 학교폭력 가해자의 인권, 지켜 줘야 할까?

- 찬성

- 반대

3. 학교폭력 가해자의 인권 보장에 대한 나의 생각을 정리해 보자.

· 나는 학교폭력 가해자의 인권을
  라고 생각한다.
  왜냐하면

5

청소년 노동, 어떻게 바라봐야 할까?

청소년 시기에
노동 경험은 중요하다

청소년 시기엔
노동보다 중요한 경험이 많다

SNS와 유튜브 등 새로운 플랫폼의 등장으로 다양한 장르와 형식의 콘텐츠가 생겨나면서 청소년 사이에서 연예인, 유튜버, 틱톡커와 같은 직업의 인기가 높아지고 있습니다. 그러다 보니 대형 엔터테인먼트 회사의 연습생이 되고 싶어 하는 청소년도 점점 늘고 있지요.

그런데 많은 인권 단체에서는 K팝의 상징인 아이돌이 과도하게 일하고 있으며 이로 인해 인권이 침해되고 있다고 지적합니다. 아이돌 서바이벌 프로그램으로 엄청난 인기를 끌었던 <프로듀스 101> 시리즈의 경우, 출연한 연습생 101명이 불공정한 계약서를 써야만 했고, 출연료도 받지 못한 것으로 밝혀져 문제가 되기도 했습니다. 이에 따라 고용노동부와 국가인권위원회는 종합적 대책을 마련하며 청소년 근로 환경을 개선하려고 노력을 기울였습니다.

하지만 이러한 노력에도 불구하고 아동·청소년 연예인뿐만 아니라 청소년의 노동환경은 임금체불, 부당해고, 열악한 근무환경 등 많은 문제점을 안고 있습니다. 청소년의 노동 참여가 증가하는 요즘, 이러한 경험이 청소년의 삶에 미치는 영향에 대한 깊이 있는 논의가 필요합니다. 노동 경험이 청소년의 삶에 이점이 더 많을지, 그렇지 않을지 이야기 나눠 보고자 합니다.

점점 어려지고 늘어나는 10대 알바

2023년 구인·구직 포털 알바천국이 자사의 데이터를 분석한 결과, 10대 아르바이트 지원량이 2019년보다 114% 이상 증가한 것으로 나타났습니다. 아르바이트 연령 역시 기존에는 19세 이상이 대부분이었으나, 17세 구직자의 지원량 비중이 2019년 12.9%에서 2023년에는 18.1%로 증가세를 보였습니다. 10대 알바생이 점점 어려지고 늘어나고 있는 것입니다.

청소년은 성인과 마찬가지로 일할 수 있습니다. 다만, 청소년은 사회적·경제적·신체적 약자로서 마땅히 보호받아야 함에도 근로 현장에서 제대로 보호받지 못하거나, 미성년자라는 이유로 권리를 행사하지 못할 우려가 있습니다.

실제로 2023년 고용노동부의 자료에 따르면 청소년을 고용한 사업장 중 88%가 임금을 체불하거나 부당하게 해고했다고 합니다. 따라서 청소년의 근로는 근로기준법, 청소년보호법 등에서 특별히 보호하고 있습니다. 근로기준법에 따르면, 15세 이상 18세 미만 청소년의 근로시간은 1일 최대 일곱 시간, 1주 최대 35시간으로 제한됩니다. 합의를 할 경우에는 1일 한 시간, 1주 다섯 시간까지 연장 가능합니다. 야간 및 휴일 근로는 원칙적으로 금지됩니다.

노동, 훌륭한 사회적 경험

2015년 5월, 미국 CNN은 오바바 대통령을 비롯한 역대 미국 대통령들의 첫 직장을 소개하는 기사를 게재했습니다. 오바마

대통령은 배스킨라빈스 아이스크림 가게에서 아이스크림을 퍼 담는 아르바이트를 했습니다. 영화배우 출신인 레이건 전 대통령은 고교 시절 고향인 일리노이주 딕슨 강에서 수상 구조요원으로 일했고, 제럴드 포드 전 대통령은 고교 시절 아버지가 운영하던 페인트 가게와 햄버거 가게에서 일했습니다.

사람들은 그들이 청소년 시절에 경험한 노동이 다양한 사회 계층을 이끌어 갈 수 있는 리더십을 갖추는 데 도움이 되었다고 말합니다. '청소년은 학생이고, 학생은 공부해야 한다'라는 우리나라의 편견과는 매우 다른 관점입니다. 이러한 시각 차이는 유럽 등 인권 선진국들이 수십 년 전부터 시민교육 과목을 각 학교에 개설하고, 초등학교 때부터 사회나 경제 교과에서 노동과 인권을 체계적으로 가르친 데서 비롯됩니다.

프랑스의 교육 방송에서는 '무엇이 노동환경을 힘들게 하는가'라는 주제로 나이별로 다양한 어린이 교육 영상을 만들어 제공합니다. 독일은 어린이들이 사용자와 노동자 측으로 나뉘어 가상 단체교섭을 한 뒤 실제 파업과 홍보전, 언론 보도자료, 연설문 작성까지 하도록 교육합니다.

이처럼 선진국에서는 아르바이트가 청소년에게 훌륭한 사회 경험이 될 수 있도록 정책적·사회적 지원을 강화하고 있습니다. 중앙정부와 지역, 시민사회가 다 함께 청소년이 안심하고 노동할 수 있는 환경을 만들어 주는 것이지요.

진로 설계에 도움이 되는 노동

청소년기에는 앞으로 어떤 삶을 살아갈지, 어떤 사람이 될지, 어떤 직업을 가지고 살아갈지 등에 대한 끊임없는 탐색 과정이 필요합니다. 그 과정에서 노동 경험은 자신의 미래를 설계하는 데 도움이 될 수 있습니다.

2022년 7월, 《뉴욕타임스》는 '파트타임 경험도 값진 과외활동이 될 수 있다'라는 기사를 실어 주목을 받았습니다. 기사에 따르면, 직업 체험은 진로를 고민하는 청소년에게 자신의 관심 분야를 재고할 수 있는 좋은 기회입니다. 또한 힘들게 번 돈의 가치를 이해하고, 대인관계와 조직 적응력을 기르는 데도 도움이 된다고 하고요.

　실제로 미네소타대학이 1,000여 명의 학생과 부모들을 대상으로 고등학생의 파트타임 아르바이트에 대해 연구한 결과, 여러 가지 긍정적 효과를 확인했습니다. 일에 대한 실제 경험이 취업에 도움이 되고, 문제해결 능력을 키우며, 사교성과 시간 관리 능력도 향상시킬 수 있다는 것입니다. 방학 중 동네 패스트푸드점에서 일한 경험이 비용을 들여 해외에 다녀온 학생의 특별활동에 비해 결코 뒤떨어지지 않는다고 합니다.

청소년 노동 현장의 위험성

패스트푸드점, 편의점, 주유소 등이 최근에는 20대 청년부터 나이 든 장년층까지 다양한 연령대가 종사하는 곳이 되었습니다. 이에 따라 일자리를 구하기 힘들어진 청소년은 때로 유흥업소 등의 유혹에 빠지기도 합니다. 하지만 이런 유흥업소는 법적으로 18세 미만의 청소년이 일할 수 없는 곳으로 정해져 있습니다. 이를 위반하면 사업주는 근로기준법에 따라 3년 이하의 징역 또는 2,000만 원 이하의 벌금에 처해집니다.

청소년이 근로기준법에 따라 안전한 일자리를 찾았더라도 위험이 사라진 것은 아닙니다. 여성가족부가 발표한 '2023 청소년 통계'에 따르면 중고교생의 아르바이트 경험률이 증가했고, 아르바이트 경험자 중 14.4%가 사고를 경험한 것으로 나타났습니다. 청소년 아르바이트생이 증가하는 현실에서 학생들의 안전사고 비율도 높아진 것입니다.

해마다 대학수학능력시험 이후에는 고3 학생과 재수생 등이 본격적으로 아르바이트에 뛰어듭니다. 이들은 음식점 서빙, 전단지 배포, 뷔페·웨딩홀 서빙, 패스트푸드점·편의점 점원, 오토바이 배달, 건설현장 노동 등을 하며 필요한 돈을 벌고자 합니다. 청소년은 일하려는 의욕에 비해 모든 업무에 미숙할 수밖에 없습니다. 차근차근 가르치지 않으면 실수가 생기고, 이러한 실수는 안전문제로 이어질 수 있습니다.

⊘ **청소년보호법** 만 19세 미만 청소년에게 유해한 매체물과 약물 등이 유통되거나 청소년이 유해한 업소에 출입하는 것 등을 규제하고, 각종 유해한 환경으로부터 청소년을 보호·구제함으로써 청소년이 건전한 인격체로 성장할 수 있도록 함을 목적으로 하는 법률이다.

⊘ **근로기준법** 근로기준법은 헌법에 따라 근로 조건의 기준을 정하여 근로자의 기본적인 생활을 보장하고 향상시키며 균형 있는 국민 경제의 발전을 꾀하는 것을 목적으로 하는 법이다.

⊘ **청소년 노동인권** 청소년이 노동을 할 때 보장받아야 할 기본적인 권리와 안전을 의미한다. 청소년에게도 성인과 동일한 최저임금이 적용되며, 근로계약서는 반드시 서면으로 작성해야 하고 18세 미만은 친권자의 동의하에 노동할 수 있다. 청소년 유해업소 고용이나 위험하고 유해한 업종의 근로는 금지되어 있다.

⊘ **아르바이트** '일', '노동', '업적', '근로' 등의 뜻인 독일어 단어 'Arbeit'에서 유래된 말이다. 일반적으로 학생, 직장인, 주부 등이 돈을 벌기 위해 학업이나 본업 이외에 부업으로 단기 혹은 임시로 하는 일을 말한다.

✅ **가족관계증명서** 개인의 가족관계에 대한 정보를 담은 공식 문서이다. 15세 이상의 청소년은 원칙적으로 가족관계증명서와 부모(친권자 또는 후견인)의 동의서를 제출하면 아르바이트, 즉 시간제 근로를 할 수 있다.

"청소년 시기에
노동 경험은 중요하다"

1. 노동을 통해
다양한 사회적 경험을 할 수 있다

노동의 형태가 매우 다양해지고 있는 만큼 청소년 시기의 노동을 제한하는 것은 그들의 사회적 경험을 막는 일이 될 수 있습니다. 노동 현장에서 청소년은 학교 교육이나 책에서 배우지 못하는 다양한 경험을 합니다. 여러 사람과 함께 일하며 협동심을 기르고, 맡은 일에 대한 책임감을 통해 사회적 책임감도 배울 수 있습니다.

또한, 아르바이트로 번 돈으로 필요한 물품을 구매하거나 취미 활동을 하면서, 청소년들은 노동의 의미를 체감하고 새로운 사회적 관계를 형성합니다. 더 나은 직업을 얻을 수 있도록 학업에 더욱 열중해야겠다는 동기 부여를 받을 수도 있지요.

이러한 이유로 미국과 일부 유럽국들은 청소년의 노동을 적극 권하고 있습니다. 미국의 경우 일부 주에서는 청소년의 노동 참여를 북돋기 위해 법률도 개정했습니다. 예를 들어 뉴저지주에서는 16세~17세의 근로 시간을 40시간에서 최대 50시간까지 늘렸습니다.

2. 자신의 진로를 탐색할 수 있다

청소년은 일을 하면서 자신의 관심 분야와 적성에 맞는 일을 발견할 수 있습니다. 일하는 과정에서 새로운 기술과 지식을 습득하고, 함께 일하는 사람들과의 대화를 통해 다양한 직업에 대한 정보를 얻을 수 있지요. 예를 들어, 카페에서 아르바이트를 하다가 커피에 관심을 갖게 되어 바리스타 자격증을 취득하고 바리스타로 진로를 결정하는 경우처럼요.

덴마크의 경우에는 학생들이 진로를 잘 선택할 수 있도록 직업 체험을 의무화하고 있습니다. 우리나라의 중학생에 해당하는 7학년~9학년 시기에는 진로 선생님과 함께 개인 직업 계획을 세운 뒤 자신이 선택한 직업을 의무적으로 체험해야 한다고 합니다. 덴마크 진로지도자 협회의 카리나 메이네케 회장은 "청소년이 여가 시간을 활용하여 아르바이트를 함으로써 노동시장에 대한 통찰력을 얻을 수 있으며, 노동시장의 일원으로서 소속감과 자신감을 가질 수 있다"고 말하기도 했습니다.

또 입시에도 도움이 됩니다. 하버드 교육대학원에서는 〈터닝 더 타이드Turning the Tide〉라는 보고서를 통해 대입심사 트렌드를 소개하는데, 하버드 등 주요 사립대학들에서 성숙도, 근면성, 책임감을 알아볼 수 있는 아르바이트와 같은 현실적인 경험을 입학 평가에 반영하고 있다고 합니다. 대입에서 경쟁적인 지표인 시험 점수에 대한 과도한 집중을 줄이고, 공동체에 대한 기여와 진정한 지역 사회 참여를 강조하는 것이죠.

3. 경제 관념을
형성할 수 있다

청소년은 노동경험을 통해 어른들이 어떻게 돈을 버는지 직접 체감하게 됩니다. 만 원을 벌기까지 어떤 어려움이 있는지, 직접 돈을 벌어 보면 그동안 생각 없이 소비해 온 돈의 가치와 소중함을 깨닫게 됩니다. 그러다 보니 자연히 절약하고 저축하는 습관을 가지게 됩니다.

또한, 자신이 번 돈으로 필요한 것을 소비하는 경험은 자립심과 책임감을 길러 줍니다. 자신의 수입을 관리하고 지출을 계획하면서 과소비나 물건을 쉽게 사고 버리는 등의 잘못된 소비 습관을 고칠 수 있는 것이죠.

이렇듯 돈의 가치를 알고 잘 관리하는 능력은 경제생활에 매우 중요합니다. 더 나아가, 돈을 벌면서 자신의 미래에 대한 목표를 세우고 이를 달성하기 위한 계획을 수립할 수 있습니다.

예를 들어, 원하는 직업을 갖기 위해 필요한 자금을 마련하거나, 특정 물건을 구매하기 위해 돈을 모으는 등의 구체적인 목표를 설정할 수 있는 것이죠.

반대

"청소년 시기엔
노동보다 중요한 경험이 많다"

1. 청소년은 아직
신체적 발달 과정에 있다

청소년은 신체적·정신적으로 아직 발달 과정에 있어 노동으로 인한 여러 위험에 노출될 수 있습니다. 산업혁명 당시의 아동 노동 착취 역사를 돌이켜보면, 이른 노동으로 인한 건강 문제와 교육 기회 박탈 등 심각한 인권 침해 사례를 볼 수 있습니다.

청소년은 대부분의 일에 필요한 힘, 경험, 기술이 부족하니다. 이로 인해 장시간 노동이나 과도한 업무가 성장과 건강에 해로울 수 있으며, 업무 효율성도 떨어질 수 있습니다.

그러다 보니 안전사고 위험이 높습니다. 작업 환경이나 도구에 대한 이해 부족, 위험 상황 대처 능력 부족 등으로 산업재해나 교통사고에 종종 노출되곤 합니다. 예를 들어, 건설 현장에서 작업 도구 사용법을 제대로 숙지하지 못해 부상을 입거나, 배달 아르바이트 중 교통사고를 당하는 경우가 있습니다.

따라서 청소년 노동은 그들의 발달 과정에 심각한 위협이 될 수 있으며, 이에 대한 신중한 접근과 적절한 보호 조치가 필요합니다.

2. 청소년은 열악하고 위험한 노동 환경에 처하기 쉽다

청소년은 성인에 비해 경험이 부족하고 판단력이 떨어지기 때문에 열악하고 위험한 노동 환경에 처하기 쉽습니다. 또한 과도한 노동시간, 임금 체불, 부당한 대우 등 다양한 형태의 노동권 침해에 시달리는 사례도 많습니다. 근로계약서 미작성, 최저임금 미준수, 초과근무수당 미지급 등의 문제도 심각합니다.

2017년 제주의 한 특성화고 학생이 생산직 현장실습 중 숨진 사건은 이러한 문제의 심각성을 보여 주는 대표적인 사례입니다. 사고 당시 안전장치가 제대로 작동하지 않았고, 학생에게 충분한 안전 교육도 이뤄지지 않은 것으로 드러났습니다.

술이나 담배와 같은 부적절한 행동을 접하거나 범죄의 위험에 노출될 수도 있습니다. '초간단 단순 알바', '10분도 안 걸려서 5만 원'과 같은 아르바이트 알선 문구로 청소년을 범죄에 가담시키는 일이 일어나고 있습니다. 2023년 경복궁 담장에 스프레이로 낙서를 한 범인들 역시 10대로, 낙서를 하면 300만 원을 준다고 하여 벌인 행각이었습니다. 이처럼 사고의 위험이 높고 자칫 부적절한 행동에 노출될 수 있기 때문에, 청소년 노동에 대한 더욱 엄격한 규제와 보호 장치가 필요합니다.

청소년 시기에는 적절한 교육을 받고 놀이와 문화를 즐기면서 사회적 존재로 성장해 나가는 것이 무엇보다 중요합니다. 청소년의 노동을 찬성하는 목소리가 많아졌다 해도 여전히 대부분의 유럽 국가가 청소년 시기의 노동을 금지하거나 제약을 가하는 이유는 이 시기에 겪어야 할 다양한 경험을 보장하기 위해서입니다.

또한, 청소년 시기의 노동은 학업에 부정적인 영향을 미칠 수 있습니다. 노동으로 인한 시간 부족으로 학업에 집중하기 어려워지고, 이는 학업 성적 하락으로 이어져 미래의 진로 선택에도 영향을 줄 수 있습니다. 결과적으로, 자아 탐구와 진로 고민에 필요한 시간을 충분히 갖지 못하게 됩니다. 일을 함으로써 교육을 통해 자아를 발견하고 성장할 기회를 놓칠 수 있는 것입니다.

본격 토론을 해봅시다

사회자 　김노동　 이금지

 안녕하십니까. 오늘 '인간 존엄성' 토론반에서는 '청소년 노동, 어떻게 바라봐야 할까?'를 주제로 이야기를 나누어 보려 합니다.

일을 한다는 것은 곧 자기 삶을 책임지기 시작한다는 것이며, 처음으로 보호 장치 없는 사회에 발을 들여놓는 것이기도 합니다. 아르바이트를 통해 청소년은 경험을 쌓고, 경제 관념을 배울 수 있습니다. 하지만 학업에 열중해야 하는 시기이다 보니, 청소년의 아르바이트를 반대하는 의견도 적지 않습니다.

이번 토론으로 청소년 노동을 바라보는 시각이 다채로워지기를 바랍니다. 오늘 참석해 주신 김노동 씨와 이금지 씨의 의견을 들어 보겠습니다. 김노동 씨부터 발언해 주십시오.

일정 정도 이상의 나이라면 노동은 여러모로 도움이 됩니다. 청소년은 일을 하면서 사회성을 향상시킬 수 있고 경제 관념까지 키울 수 있습니다. 다양한 사람들과 소통하며 대인관계 능력을 키우고, 일을 한다는 것의 의미, 사회적 관계성을 배워 나갑니다. 같은 돈이라도 자신이 번 돈으로 필요한 물품을 사고, 하고 싶은 취미 활동 등을 하면서 돈의 가치를 직접 체험할 수 있습니다.

하지만 청소년기는 신체적·정신적 발달이 아직 한창인 시기입니다. 장시간 노동을 하면 건강에 문제가 생길 수 있고, 이로 인해 충분한 수면과 영양 섭취가 부족해지면 성장에 지장을 줄 수 있습니다. 또한, 경험 부족으로 인한 업무 효율성 저하는 청소년 자신과 고용주 모두에게 부담이 될 수 있습니다.

경험 부족은 실제로 일을 해봐야 가장 효과적으로 개선할 수 있지 않은가요? 청소년 노동은 실질적인 경제 교육의 장이 될 수 있으며, 자립심과 책임감도 키워 줍니다. 돈을 관리하는 능력을 키우고, 미래에 대한 목표를 세울 수 있죠.

이는 《뉴욕타임스》가 역대 대통령의 첫 직장에 대해 소개한 기사만 봐도 알 수 있어요. 오바마는 배스킨라빈스에서 아르바이트를 했고, 빌 클린턴도 13세에 식료품점에서 일을 했습니다. 이러한 사회 경험이 긍정적인 효과를 냈음을 알 수 있습니다. 경험이 풍성해지고 시야가 넓어지는 효과도 누릴 수 있지요. 적절히 관리된 노동환경에서는 학업과 일을 병행할 수 있기도 합니다.

청소년 시기에 가장 중요한 것이 무엇입니까? 청소년기

의 주요 과업은 교육과 전인적 성장입니다. 노동보다는 학업, 문화 활동, 또래와의 교류 등 다양한 경험을 통해 사회 구성원으로 성장하는 것이 중요합니다. 공부하고 친구들과 놀고 문화적으로 교류하기에도 빠듯하고 아까운 때가 청소년기입니다. 많은 국가에서 청소년 노동을 제한하는 이유도 이러한 성장의 기회를 보장하기 위함입니다.

일하는 경험이 진로 탐색에 도움을 주는데도요? 청소년은 일을 하면서 자신의 관심 분야와 적성에 맞는 직업을 찾을 수 있습니다. 다양한 직무 경험을 통해 자기계발과 직업에 대한 이해도를 높일 수 있죠. 만약 현재 하고 있는 일이 적성에 맞지 않다면, 내게 적합한 진로를 모색할 기회도 얻을 수 있습니다.

청소년은 노동 현장에서 안전사고의 위험에 더 많이 노출됩니다. 경험 부족으로 작업 환경에 대한 이해가 낮아 성인보다 사고 위험이 높습니다. 또한, 판단력이 미숙해 위험 상황에서 적절히 대처하지 못하는 경우가 많습니다. 게다가 체력적 한계로 장시간 노동이나 과도한 업무 수행이 어렵고, 안전시설이 미비한 곳에서 일할 경우 산업재해의 위험이 큽니다. 굳이 위험을 무릅쓰면서까지 일을 해야 할까요?

 네, 긴 시간 함께해 주신 두 분께 감사드립니다. 이제 마칠 시간이 되었는데, 두 분 마무리 발언 해주시죠.

 현대 사회에서는 청소년 노동에 대한 제도적 보호와 감독이 가능합니다. 적정한 노동환경에서 청소년이 정당한 대우를 받으며 일할 수 있는 여건이 마련되어 있습니다. 따라서 위험하고 신체적·정신적 발달을 위협한다는 이유만으로 청소년 노동을 전면 금지해서는 안 됩니다.

 노동은 인간 삶의 필수적인 부분이지만, 그 시기는 신중히 결정해야 합니다. 학생 시기에는 일보다 학업과 전인

적 성장에 집중하는 것이 중요합니다. 그런 점에서 청소

년 노동은 제한되어야 하며, 특히 14세 미만 아동의 노

동은 엄격히 금지되어야 합니다.

1. 책의 내용을 보며 다음 빈칸을 채워 보자.

- (   )이란, 약물·폭력·학대 등 각종 유해한 환경으로부터 19세 미만의 청소년을 보호·구제함으로써 청소년이 건전한 인격체로 성장할 수 있도록 함을 목적으로 하는 법률이다.

- (   )은 헌법에 따라 근로 조건의 기준을 정하여 근로자의 기본적인 생활을 보장하고 향상시키기 위한 법이다.

- (   )은 청소년이 노동을 할 때 보장받아야 할 기본적인 권리와 안전을 의미한다. 이에 따라 청소년에게도 성인과 동일한 최저임금이 적용되며, 근로계약서는 반드시 서면으로 작성해야 하고 18세 미만은 친권자의 동의하에 노동할 수 있다.

- (   )는 독일어의 '일', '노동', '업적', '근로' 등의 뜻을 가진 단어에서 유래된 말이다.

2. 토론 내용을 보고 찬성과 반대 입장의 주장과 그 근거를 간단히
   정리해 보자.

　·　청소년 노동, 어떻게 바라봐야 할까?

　·　찬성

　·　반대

3. 청소년 노동에 대한 나의 생각을 정리해 보자.

- 나는 청소년 노동에 대해 _____
  라고 생각한다.
  왜냐하면

청소년 인권, 반드시 보장해야 할까?

초판 1쇄 인쇄 2024년 12월 27일
초판 1쇄 발행 2025년 1월 10일

지은이 승지홍 **펴낸이** 김종길
펴낸 곳 글담출판사 **브랜드** 글담출판

기획편집 이경숙 · 김보라 **영업** 성홍진
디자인 손소정 **마케팅** 김지수 **관리** 이현정

출판등록 1998년 12월 30일 제2013-000314호
주소 (04029) 서울시 마포구 월드컵로8길 41 (서교동 483-9)
전화 (02) 998-7030 **팩스** (02) 998-7924
블로그 blog.naver.com/geuldam4u **이메일** to_geuldam@geuldam.com

ISBN 979-11-91309-77-5 (04000)
      979-11-91309-65-2 (세트)

만든 사람들 ─────────────
책임편집 이경숙 **디자인** 손소정 **교정교열** 신혜진

글담출판에서는 참신한 발상, 따뜻한 시선을 가진 원고를 기다리고 있습니다.
원고는 글담출판 블로그와 이메일을 이용해 보내주세요.
여러분의 소중한 경험과 지식을 나누세요.